D1573868

Mecklenburgische Seenplatte

Mecklenburgische Seenplatte

Romantische Wasserwege,
alte Buchenwälder
und verträumte Orte

Hanne Bahra · Johann Scheibner

BRUCKMANN

Inhalt

- **12** | Die Farben Mecklenburgs: blau das Wasser, grün die Wälder und Wiesen
- **22** | Die Entstehung der Seenlandschaft – am Anfang war das Eis
- *26* | *Geopark Mecklenburgische Eiszeitlandschaft*
- **28** | Mecklenburgs artenreiche Tier- und Pflanzenwelt
- *35* | *Wölfe in Mecklenburg-Vorpommern*
- *38* | *Buchenurwälder*
- **40** | Am Schweriner Schloss – Hauptstadt mit Schloss am Wasser
- *46* | *Freilichtmuseum Schwerin-Mueß*
- **48** | Sternberger Seenland – Hügel, Seen und eine Slawenburg
- *54* | *Archäologisches Freilichtmuseum Groß Raden*
- **56** | Krakower Seenlandschaft und Güstrower Inselsee
- *63* | *Ernst Barlach*
- **64** | Nossentiner-Schwinzer Heide – im Herzen der Seenplatte
- *68* | *Porträt: „Kräuterfee" Anke Bayler*
- **70** | Am Plauer See – vom Zauber großer Wasserflächen
- *76* | *Bärenwald Müritz*
- **78** | Mitten im Seenland – die Müritzregion
- *86* | *Das Müritzeum*
- **92** | Das wilde Herz der Region – der Müritz-Nationalpark
- *98* | *Kranichparadies Seenplatte*
- **100** | Mecklenburgische Schweiz und Kummerower See
- **110** | Große Namen: Künstler und Literaten
- *116* | *Porträt: Helmuth Freiherr von Maltzahn*
- **118** | Die Kleinseenplatte – stille Gewässer in herrschaftlichem Umfeld
- *124* | *Mecklenburger Alleen*
- **126** | Feldberger Seenlandschaft – wo die Eiszeit zum Greifen ist
- *132* | *Porträt: Der Naturschutzwart Fred Bollmann*
- **134** | Rund um den Tollensesee – Backsteintore und Burgen
- *140* | *Mythos Königin Luise*
- **142** | Kulinarisches Mecklenburg – von bodenständig bis ländlich fein
- **146** | Auf Wasserstraßen quer durchs beschauliche Seenland
- **150** | Natur und tiefblaue Seen: Tourismus im Mecklenburger Seenland
- *156* | *Heinrich Schliemann*
- **158** | Register
- **160** | Impressum/Bildnachweis

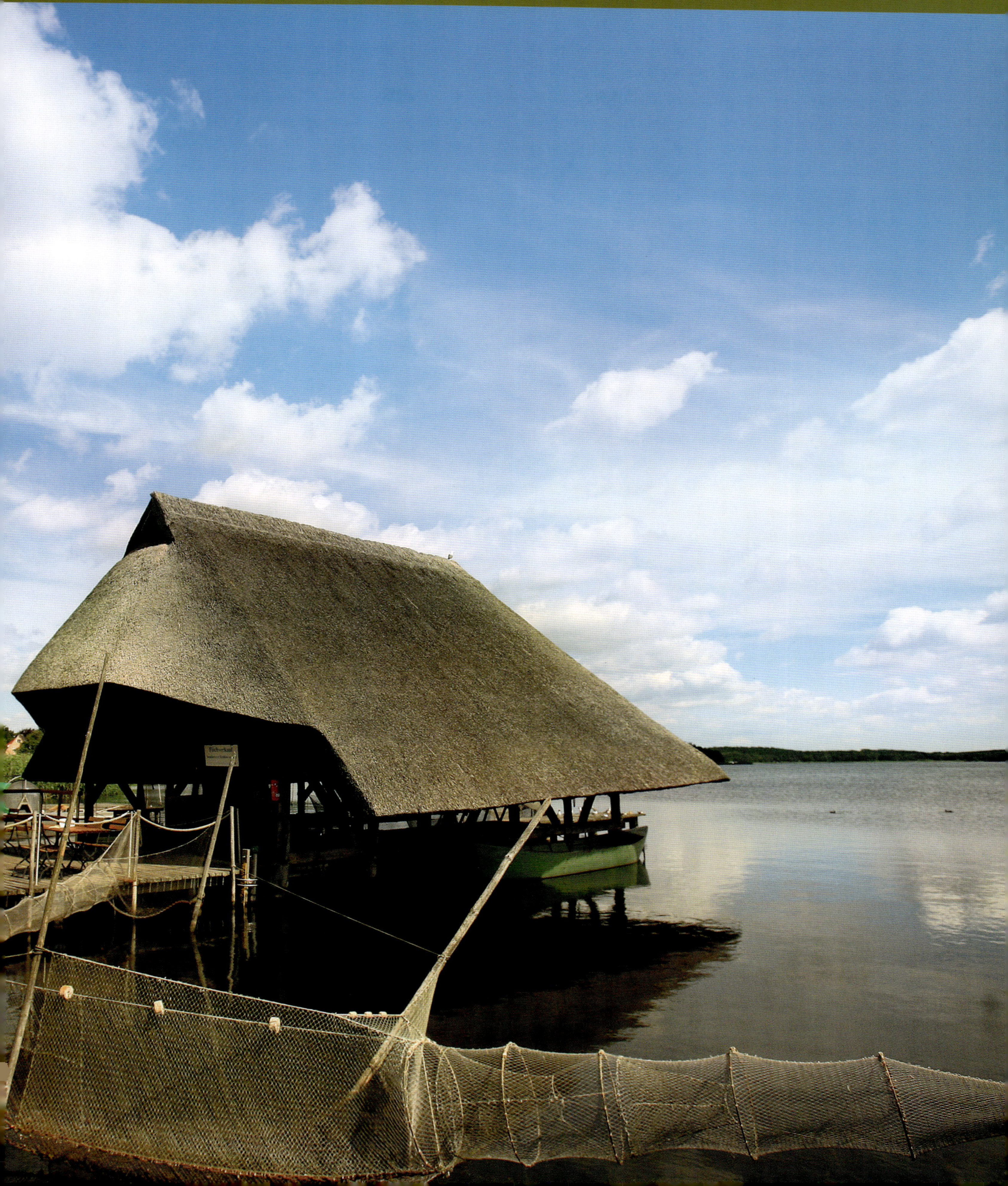

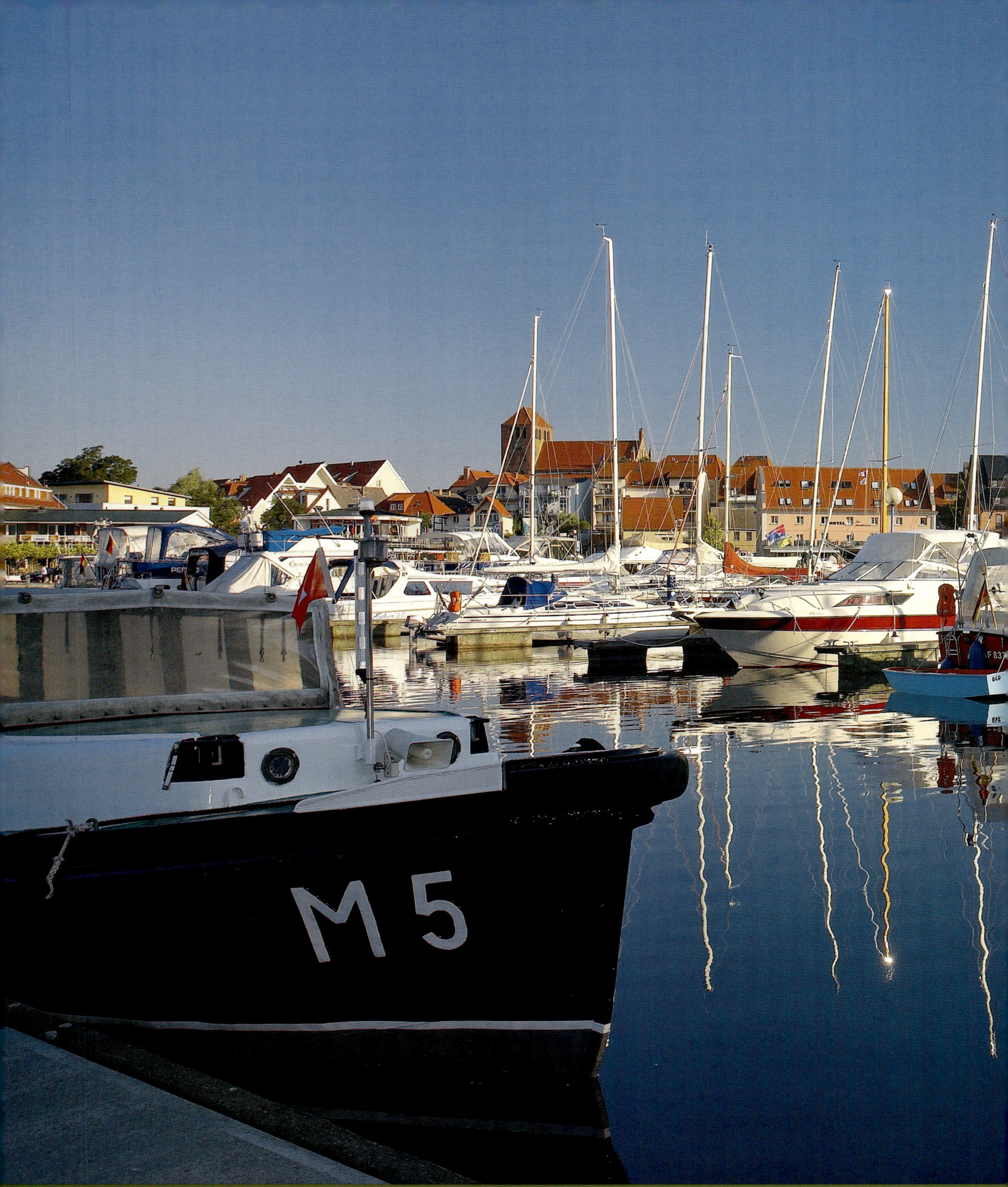
M 5

Unmittelbar an den Stadthafen schließt sich die historische Altstadt von Waren an der Müritz an. Von hier aus können Freizeitkapitäne die Mecklenburger Seenplatte in alle Richtungen erobern.

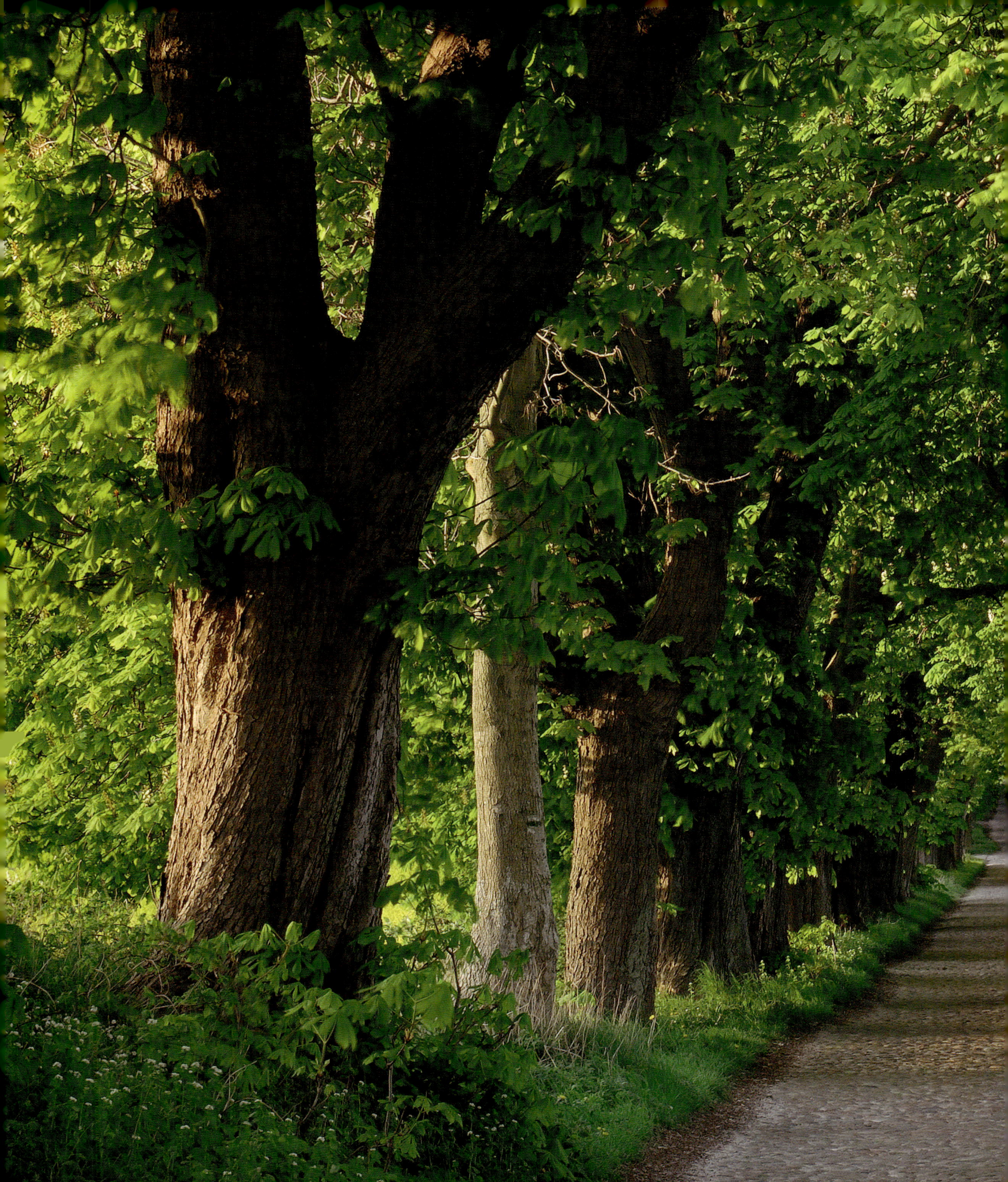

Zahlreiche Alleen, teilweise mit imposantem Baumbestand und holprigem Kopfsteinpflaster wie diese prächtige Kastanienallee, wecken nostalgische Reisegefühle im Seenland.

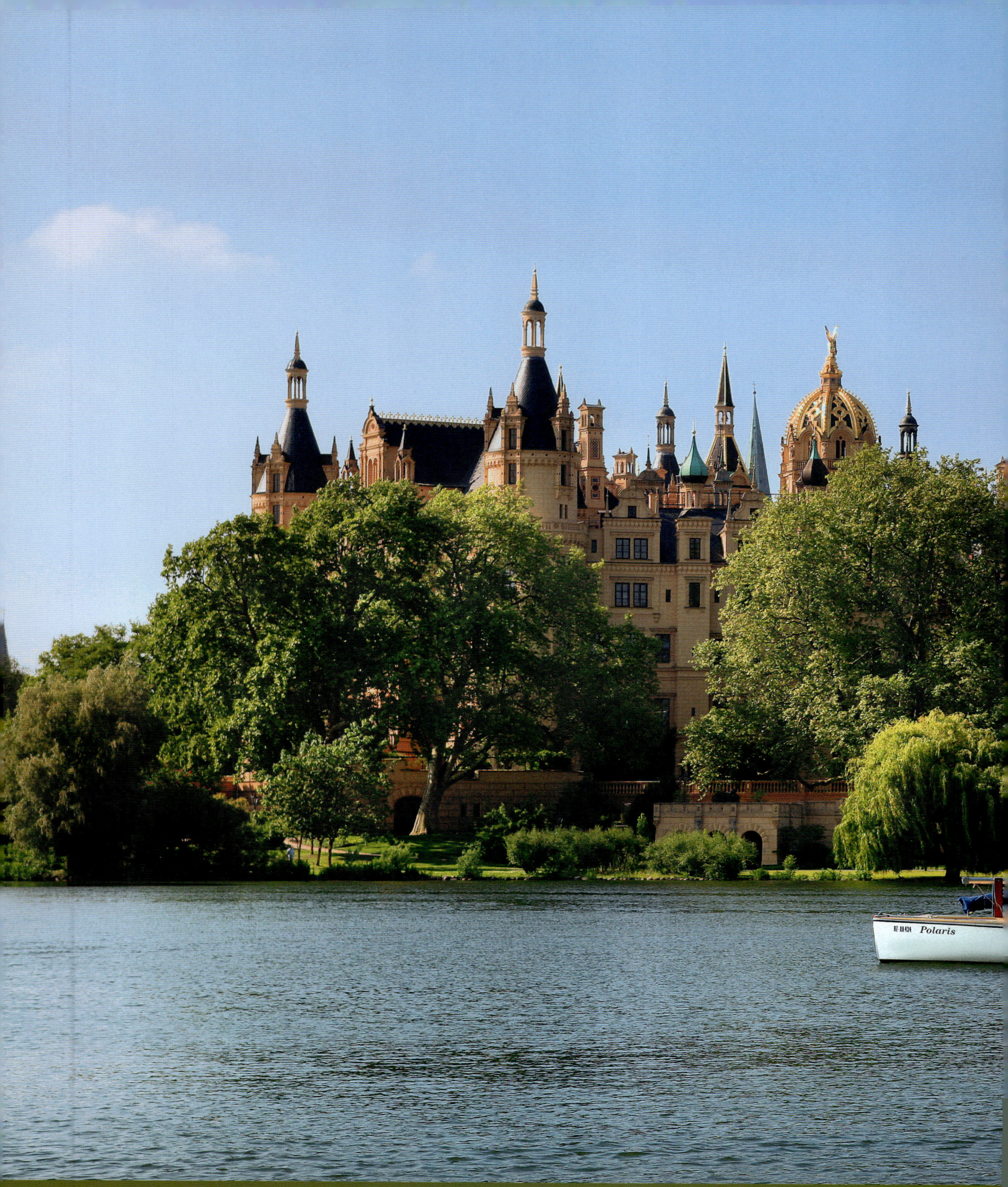
Polaris

Das nach dem Vorbild französischer Loireschlösser erbaute Schweriner Schloss liegt auf einer Insel im Zentrum der Landeshauptstadt. Von der Wasserseite aus wirkt es geradezu märchenhaft.

Die Farben Mecklenburgs: blau das Wasser, grün die Wälder und Wiesen

Mehr als tausend Seen verwandeln die Landschaft zwischen Schwerin und Neubrandenburg in ein glitzerndes Wasserparadies. „Seen mit dem tiefsten, klarsten Wasser, von einem bezaubernden Türkisgrün oder Azurblau", wie Hans Fallada mit Blick auf die Feldberger Seenlandschaft schwärmte.

Über 2000 Seen mit einer Mindestgröße von 1 ha zählt Mecklenburg-Vorpommern, das seenreichste Bundesland Deutschlands. Sie bedecken insgesamt eine Fläche von 736 km², das entspricht rund 3,2 % der Landesfläche. 1366 Seen liegen allein in Mecklenburg, weit überwiegend im Bereich der Mecklenburgischen Seenplatte. Zählt man den Schweriner See dazu, liegen sieben der zehn größten Seen Mecklenburg-Vorpommerns in diesem Gebiet: die Müritz, der Plauer See, der Kölpinsee, der Tollensesee, der Krakower See, der Malchiner See und der Fleesensee. Südlich der Müritz, des größten vollständig in Deutschland gelegenen Sees – der Bodensee ist größer, hat aber Schweizer und österreichische Anteile –, befindet sich das Kleinseengebiet um Neustrelitz und die Feldberger Seenlandschaft. Nordwestlich der Müritz schließen sich die Sternberger und die Schweriner Seenlandschaft an. Alle-

Der Kummerower See, der viertgrößte See Mecklenburg-Vorpommerns, liegt mit seinem westlichen Teil in Mecklenburg, mit dem steileren Ostufer schon in Vorpommern. Er ist ein beliebtes Surf- und Segelrevier.

Vom Turm der Marienkirche in Röbel geht der Blick weit hinaus über die Müritz, das Herz der Mecklenburgischen Seenplatte.

samt sind sie Hinterlassenschaften der letzten Eiszeit, hier blieben von den sich zurückziehenden Gletschern und Schmelzwasserströmen Rinnenseen und Zungenbeckenseen; andere entstanden durch das langsame Abtauen von Toteisblöcken.

Naturschutz seit fast 100 Jahren

Die Landschaft Mecklenburg-Vorpommerns ist vielfältig, ursprünglich und wunderschön. So ist es nicht verwunderlich und doch erfreulich, dass Naturschutz in Mecklenburg schon lange ein wichtiges Thema ist. Bereits 1917 übertrug der Großherzog von Mecklenburg-Schwerin dem Heimatbund Mecklenburg das Disprether Moor nördlich von Schwerin als erstes Naturschutzgebiet. Anfang der 1940er-Jahre waren bereits 17 Naturschutzgebiete ausgewiesen. Nach Jahrzehnten intensiver Landnutzung, in der sich die Willkür im Umgang mit der Natur kaum begrenzen ließ, schlug im September 1990 die große Stunde der Naturschützer: 14 Großlandschaften im Gebiet der DDR konnten unter Schutz gestellt werden, darunter auch der Müritz-Nationalpark. Um die Naturvielfalt Mecklenburg-Vorpommerns zu erhalten, hat das Land inzwischen auf einer Fläche von fast 91 600 ha insgesamt 286 Naturschutzgebiete eingerichtet. Vier große Naturparks (Sternberger Seenland, Nossentiner-Schwinzer Heide, Mecklenburgische Schweiz und Kummerower See, Feldberger Seenlandschaft) schützen und bewahren die relativ dünn besiedelte Kulturlandschaft der Mecklenburgischen Seenplatte.

Seine Seen und landschaftliche Schönheit verdankt Mecklenburg der letzten Eiszeit, als mächtige Gletscher das Land bedeckten.

Die Farben Mecklenburgs: blau das Wasser, grün die Wälder und Wiesen | 13

Nach dem Eis kamen die Menschen

Am 10. September des Jahres 995 ließ der spätere Kaiser Otto III. eine Schenkungsurkunde in der Michelenburg ausstellen – der älteste urkundliche Beleg jener Burg südlich von Wismar, von der das Land Mecklenburg seinen Namen erhielt. Doch gut erhaltene Großsteingräber, beispielsweise bei Serrahn im heutigen Müritz-Nationalparkgebiet, in Basedow, Sparow, Bad Stuer oder Zierow, belegen die frühe Besiedlung durch den Menschen bereits in der Jungsteinzeit.

In der mittleren Steinzeit, 8000–3000 v. Chr., waren schon viele Uferzonen von Seen und Flüssen besiedelt. Allein acht Fundstätten im Müritzgebiet lassen auf eine relativ hohe Besiedlungsdichte in dieser wild- und fischreichen Region schließen. Die nomadisierenden Gruppen von Jägern und Sammlern bauten sich Hütten aus Astwerk, Fellen, Moosen und Flechten. Die Bronzezeit (1800–600 v. Chr.) hinterließ Hügelgräber der Germanen, die sich in dieser Zeit bereits im gesamten Müritzgebiet niedergelassen hatten. Mit Beginn der christlichen Zeitrechnung schlossen sich die Familienverbände zu germanischen Stämmen und Stammesverbänden zusammen. An der Müritz waren es die Langobarden, Warnen und Semnonen.

Nach den „alten" Germanen besiedelten von Osten her kommende Slawen das Gebiet. Im Westen Mecklenburgs war es der Stamm der Obotriten, weiter östlich lebten die Wilzen, später als Lutizen bezeichnet. Ihre auffälligsten Hinterlassenschaften sind Burgwälle, wie die bei Malchow, Teterow,

Die 1855 von Bildhauer Christian Friedrich Genschow geschaffene überlebensgroße Skulptur des letzten Obotritenherrschers Niklot blickt aus luftiger Höhe von der Fassade des Schweriner Schlosses auf die Stadt.

Mecklenburg verfügt über eine stattliche Zahl an Bodendenkmälern, die, wie das Hünengrab bei Groß Görnow, Zeugnisse der vorgeschichtlichen Besiedlung nach dem Rückzug der Gletscher sind.

Ludorf oder Feldberg. Ihre Dörfer bestanden aus Ansammlungen von Blockhäusern, wie man sie in Groß Raden rekonstruierte.

In der ersten Hälfte des 10. Jh. begann unter Heinrich I., Herzog von Sachsen und König des Ostfrankenreichs, die Ostexpansion. Doch erst im 12. Jh. konnten die Deutschen die wehrhaften Slawen besiegen. Als Niklot, der letzte freie Fürst der Obotriten, durch einen Hinterhalt auf seiner Burg Werle im Warnowtal getötet und sein Sohn Pribilslaw 1164 in der Schlacht am Kummerower See besiegt wurde, unterwarf Heinrich der Löwe endgültig die slawische Bevölkerung. Pribislaw konvertierte zum Christentum. Seine Nachkommen regierten das Land bis 1918. Aufgrund des Erbanspruches aller Söhne des Herrscherhauses kam es jedoch fortwährend zu territorialen Teilungen.

Allmählich bildet sich zwei Hauptlinien heraus, die nach den Regierungszentren Mecklenburg-Schwerin und Mecklenburg-Güstrow hießen. Die zweite Linie starb um 1700 aus. Es bildete sich das Herzogtum Mecklenburg-Strelitz heraus, das ebenso wie Mecklenburg-Schwerin nach dem Ersten Weltkrieg noch als separater Freistaat existierte, bis die Nationalsozialisten alle bis dahin gültigen Grenzen verwarfen. Der landesgrundsätzliche Erbvertrag von 1755 stärkte die Macht der Ritterschaft und verhinderte in Mecklenburg einen territorialen Absolutismus. Diese Festschreibung der mittelalterlichen Ständeherrschaft war auch Ursache für die sprichwörtliche Rückständigkeit Mecklenburgs, die Fritz Reuter sarkastisch kommentierte: „Allens bliwwt bi'n Ollen" („Alles bleibt beim Alten"). In Thomas Manns Frühwerk *Königliche Hoheit* fasst die Nebenfigur Herr von Knobelsdorff diese Verhältnisse so zusammen: „Ja, mein Gott, die Romantik ist ein Luxus,

In Erinnerung an die Zeit, in der Mecklenburg von slawischen Stämmen besiedelt war, wurde in Neustrelitz am Zierker See ab 1994 ein Slawendorf nachgebaut. Dort entstehen auch eindrucksvolle Schnitzarbeiten nach historischen Vorbildern.

Die Farben Mecklenburgs: blau das Wasser, grün die Wälder und Wiesen | 15

ein kostspieliger! Exzellenz, ich bin Ihrer Meinung – selbstverständlich. Aber bedenken Sie, daß zuletzt der ganze Mißstand fürstlicher Wirtschaft in diesem romantischen Luxus seinen Grund hat. Das Übel fängt an damit, daß die Fürsten Bauern sind; ihre Vermögen bestehen aus Grund und Boden, ihre Einkünfte aus landwirtschaftlichen Erträgnissen. Heutzutage … Sie haben sich bis zum heutigen Tage noch nicht entschließen können, Industrielle und Finanzleute zu werden. Sie lassen sich mit bedauerlicher Hartnäckigkeit von gewissen obsoleten und ideologischen Grundbegriffen leiten, wie zum Beispiel den Begriffen der Treue und Würde."

Um die Mitte des 19. Jh. setzte dennoch eine gewisse industrielle Entwicklung ein. Schon vorher hatten die ersten Sommerfrischler die Region für sich entdeckt. Noch heute ist Mecklenburg eine landwirtschaftlich geprägte Region. Mecklenburg-Vorpommerns Landwirte bewirtschaften und pflegen 1,3 Mio. ha. Land, das sind fast zwei Drittel der Landesfläche. Daneben hat sich der Tourismus zu einem der wichtigsten Wirtschaftszweige entwickelt.

Herrenhäuser und Schlösser – feudale Hinterlassenschaften

Eine kulturhistorische Besonderheit Mecklenburg-Vorpommerns sind die zahlreichen Gutshäuser und Schlösser – 2889 dieser teilweise architektonisch äußerst stilvollen Bauten gab es einst in diesem Land. Über 2000 haben überlebt, manche jedoch nur noch als Schatten ihrer glanzvollen Vergangenheit. Mehr als 1000 stehen unter Denkmalschutz und viele davon wurden gerade im Gebiet der Mecklenburgischen Seenplatte zu neuem Leben erweckt.

Diese für das relativ arme und dünn besiedelte Land regelrechte „Schlösserflut" ergab sich aus den häufigen Landesteilungen. Denn bis 1701 ging in Mecklenburg die Erbfolge nicht allein auf den Erstgeborenen über, sondern auch Geschwister konnten Ansprüche erheben, was zu immer neuen Unterdynastien führte, von denen eine jede eine eigene Residenz nebst Sommer- und Jagdschloss brauchte. Vor allem aber dominieren die Gutshäuser des erstarkten grundbesitzenden Adels, der „Ritterschaft", die ländliche Kulturlandschaft. Diese Herrenhäuser sind mitunter derart aufwendig gestaltet, dass sie als „Landschlösser" den herzoglichen Schlossbauten Konkurrenz machen. Die Bezeich-

Graf Carl August Ludwig von Bassewitz-Levetzow erwarb 1845 das Gut in Bristow und erweiterte es u. a. durch dieses Geflügelhaus, das vom Heimatverein „Am Malchiner See" liebevoll restauriert wurde.

nung „Schloss" steht streng genommen nur den landesherrlichen Residenzen der Großherzöge und Herzöge von Mecklenburg-Schwerin und Mecklenburg-Strelitz sowie der ehemaligen Pommernherzöge aus dem Greifengeschlecht zu. Die großen landesherrlichen Schlösser Mecklenburgs, wie in Schwerin, Ludwigslust und Güstrow, sind für Besucher zugänglich.

Das Mirower Schloss, in dessen Innenräumen sich bis heute große Teile der kostbaren Ausstattung aus Zeiten der verwitweten Herzoginnen erhalten haben, wurde umfassend für 8,8 Mio. Euro aus Mitteln des Landes und der EU saniert. Die Wiedereröffnung seiner schönen Räume im opulenten und verspielten Stil des Barock und des Rokoko ist der Höhepunkt im Schlösser-

Nachdem der Vorgängerbau abgebrannt war, ließ Hans Werner Graf von Tiele-Winckler ab 1759 in Vollrathsruhe, unweit von Waren/Müritz, ein neues Herrenhaus im neobarocken Stil aufbauen. Nachdem es auf unterschiedlichste Weise genutzt worden war, steht es inzwischen wie so manches andere Herrenhaus seit vielen Jahre leer.

Jahrzehntelang konnten die Mirower das Schloss nur als Baustelle besichtigen. Doch jetzt erstrahlt der sorgfältig restaurierte herzogliche Witwensitz wieder in barocker Pracht und darf bewundert werden.

Die Farben Mecklenburgs: blau das Wasser, grün die Wälder und Wiesen | 17

Schloss Basedow nordöstlich des Malchiner Sees ließ Friedrich Graf von Hahn durch den Baumeister Friedrich August Stüler zu einer Synthese der Stile vom 16. bis 19. Jh. neu gestalten. Der Park ist eine der ersten großen Gartenschöpfungen Peter Joseph Lennés in Mecklenburg.

jahr 2014. Reiche Stuckaturen, vielfältige Wandbespannungen, kostbare Schnitzereien und bemalte Paneele zeigen, wie sehr die einstige Bauherrin, Herzogin Elisabeth Albertine, Wert auf die standesgemäße Ausstattung ihres Sitzes legte. Im Festsaal mit dem plastischen Figurenschmuck des italienischen Stuckateurs Giovanni Battista Clerici, der in vielen Schlössern in Norddeutschland tätig war, werden nun Konzerte erklingen.

Viele Millionen Euro investiert das Land in die Restaurierung seines feudalen Erbes. Allein für das Jahr 2014 sind 19,5 Mio. Euro geplant. Aus dem EU-Landwirtschaftsfonds ELER standen dafür von 2007 bis 2013 rund 76 Mio. Euro zur Verfügung. Auch die Sanierung des Schweriner Schlosses geht weiter. Für das vom Landtag verwaltete hohe Haus sind 4,6 Mio. Euro für Investitionen und 1,3 Mio. Euro für den Bauunterhalt vorgesehen. Jüngst wurden auch der Marstall und die Remise des Schlossensembles Wiligrad saniert. Schloss Wiligrad am Ufer des Schweriner Sees war der letzte Bau des Landesfürsten Johann Albrecht. Noch bis 1945 in herzoglichem Besitz, ging später das Inventar des Schlosses, das bis 1990 Schule und Ausbildungsstätte der Polizei des Bezirkes Schwerin und im Sommer Kinderferienlager für die Polizeibedienstetenkinder war, fast vollständig verloren. Heute wird das 1896–1898 erbaute Haus unter anderem durch das Landesamt für Bodendenkmalpflege genutzt; ein Kunstverein bringt mit Ausstellungen, Konzerten und Seminaren Leben in die restaurierten Räume. Eine ähnlich wechselvolle Vergangenheit hat das Schloss Vollrathsruhe: 1759 war es als herrschaftliches Gut von Vollrath Levin II. Moltzan angelegt worden und blieb mit kurzer Unterbrechung bis 1876 im Besitz der Familie von Maltzahn, die es an die Familie von Tiele-Winckler verkaufte. Diese ließen das Gut nach einem

Umgeben von einem englischen Landschaftspark liegt Schloss Schorssow direkt am Ufer des Haussees. Hofjägermeister von Moltke ließ es 1812 unter Einbeziehung des barocken Vorgängerbaus klassizistisch umgestalten. Bis 1995 dem Verfall preisgegeben, konnte es nach Entkernung und Renovierung der Festräume 1997 als Schlosshotel wieder eröffnet werden.

Brand 1920 in neobarocker Pracht neu aufbauen. Nach 1945 wurde die Anlage als Wohn- und Verwaltungsgebäude und als Kinderheim genutzt, seit 1990 mehrfach verkauft und zurzeit aufwendig saniert. Auch Schloss Hohenzieritz büßte in DDR-Jahren viel von seinem Glanz ein. Inzwischen ist es Sitz der Müritz-Nationalpark-Verwaltung und Gedenkstätte für die hier 1810 verstorbene Königin Luise.

Neuer Glanz in restaurierten Herrenhäusern

Etwa 300 der denkmalgeschützten Herrenhäuser und „Landschlösser" werden heute touristisch für Veranstaltungen und als „herrschaftliche" Herbergen genutzt. In der Mecklenburgischen Schweiz führt eine 70 km lange Schlössertour für Radwanderer zu den feudalen Bauwerken, die in den letzten Jahrzehnten dem drohenden Verfall entrissen wurden. So kann man nun in der Burg Schlitz, im Schloss Ulrichshusen, im Herrenhaus Teschow und im Schloss Schorssow, das schon im 14. Jh. als Adelssitz erwähnt wurde (1610 erwarb es die Familie von Moltke und baute es von 1808 bis 1812 unter Einbeziehung des barocken Vorgängerbaus um), wieder „schlafen wie beim Grafen". Zu den vielen Schlössern und Guts- und Herrenhäusern gehört eine ebenso große Zahl an Parks und Gärten, von denen viele wiederhergestellt wurden. So auch die 200 ha große Anlage in Basedow, die als eines der bedeutendsten Werke des deutschen Landschaftsarchitekten Peter Joseph Lenné gilt.

Der Park wurde während der Umgestaltung des Schlosses Schorssow ebenfalls dem Zeitgeschmack entsprechend ausgestattet.

In gewisser Weise schließt sich der Kreis: Die Schlösser und Herrenhäuser bzw. die darin residierenden Herren hatten über Jahrhunderte das Leben der jeweiligen Untertanen bestimmt und waren Zentren des gesellschaftlichen Lebens. Nun fällt den herrschaftlichen Bauwerken und Parks wiederum eine wichtige Rolle zu. Sie sind Fixpunkte der touristischen Entwicklung – als attraktive Sehenswürdigkeiten, als kulturelle Begegnungsstätten und als stilvolle Hotels oder Restaurants.

Die Farben Mecklenburgs: blau das Wasser, grün die Wälder und Wiesen

Die Mecklenburgische Seenplatte auf einen Blick

Der Baltische Landrücken mit der Mecklenburgischen Seenplatte zieht sich als Jungmoränenlandschaft von Nordwesten nach Südosten quer durch Mecklenburg. Die Weichsel-Eiszeit hinterließ hier ein facettenreiches Landschaftsbild mit Hügeln, großen und kleinen Seen, Fluss- und Bachtälern, Söllen und Mooren. Im Gebiet zwischen Schwerin und Neubrandenburg hinterließen mehrere Gletschervorstöße häufig bewaldete Moränenzüge.

Teile des geologisch jungen Flachlands liegen deutlich mehr als 50 m, einige Hügelkuppen mehr als 100 m über dem Meeresspiegel. Mit Abstand größter See ist die Müritz, sie gehört zur mecklenburgischen Großseenplatte, deren Seen in die Elde entwässern.

Weiter südöstlich liegt das in die Havel entwässernde Kleinseengebiet mit vielen oft verzweigten Rinnenseen um Mirow und Neustrelitz.

Zarnekow
Dargun am Klostersee
Warrenzin
Demmin
Jördenstorf
NATURPARK
Verchen
Lindenhof
Lelkendorf
Schönfeld
Gatschow
Groß Markow
Kummerower See
Teterower Peene
Neukalen
Borrentin
Teterower See
MECKLENBURGISCHE
Sommersdorf
Sarow
Herrenhaus Teschow
Schlanker Berg 125 m
Kummerow
Altenhagen
Rempin
SCHWEIZ
Grammentin
Augraben
ND KUMMEROWER SEE
Malchin
Dahmer Kanal
Basepohl
Ivenacker See
Wendischhagen
Altentreptow
Bristow
Basedow
Gielow
Kölpin
Ivenack
Zwiedorf
Reinsberg
Dahlen
Bülow
Friedland
Brunn
Seedorf
Reuterstadt Stavenhagen
Wolde
Malchiner See
Kastorfer See
Rothenmoor
Demzin
Groß Teetzleben
Neddemin
Lübbersdorf
Dahmen
Langwitz
Moltzow
A 20
Kittendorf
Rittermannshagen
Rosenow
Gädebehn
Ulrichshusen
Brohm
Flacher See
Großer Varchentiner See
Tollense
Chemnitz
Rattey
Sommerstorf
Baumgarten
Alt Schönau
NEUBRANDENBURG
Weitin
Neu Gaarz
Jägerhof
Torgelower See
Lapitz
Holzendorf
Jabelscher See
Mallin
Malliner See
Tollensesee
Stargarder Stadtforst
Cölpin
Möllenhagen
Tiefwarensee
Neu Rhäse
Neu Käbelich
Waren (Müritz)
Kargow
Penzlin
Alt Rehse
Nemerower Holz
Burg Stargard
Alt Käbelich
Kölpinsee
Feisnecksee
Friedrichsfelde
Ankershagen
Klein Nemerow
Stargard
Dewitz
Woldegk
MÜRITZ-
Federow
Mühlensee
Wustrow
Klink
Schwarzenhof
Prillwitz
Holldorf
Hinrichshagen
NATIONALPARK
Kleinvielener See
Usadel
Teschendorf
Rederangsee
Peckatel
Lieps
Zachow
NATURPARK
Sietow
Müritzhof
Specker See
Speck
Kratzeburg
Hohenzieritz
Krickower See
Göhren
Bredenfelde
Müritz
Brustorf
Hofsee
Granzin
Käbelicksee
Krumbeck
Großer See
Binsee
Weisdin
Blankensee
Stolpe
Fürstenwerder
Naturschutzgebiet Großer Schwerin
Priesterbänker See
Rödlin
Möllenbeck
Boek
Rödliner See
FELDBERGER
Wrechen
Gneven
Zotzensee
Zierker See
Bolter Kanal
Ludorf
NEUSTRELITZ
Breiter Luzin
Röbel/Müritz
Woterfitz-see
Havel
Wittenhagen
Fürstenhagen
Zielow
MÜRITZ-NATIONAL-PARK
Carpin
Lüttenhagen
Useriner See
Bollewick
Caarpsee
Leppinsee
Userin
Heilige Hallen
Feldberg
Rechlin
Goldenbaum
Weggun
Zwenzow
Kammer-kanal
Schmaler Luzin
Carwitzer See
Vipperow
Großer Labussee
Großer Fürstensee
Läven
Granzow
Leussow
Below
Carwitz
Vietzen
Fürstensee
Müritzsee
Müritz-Havel-Kanal
Triepkendorf
Dreetzsee
Boitzenburg
Mirower See
Woblitzsee
SEENLANDSCHAFT
Krüselinsee
Lärz
Mirow
Zirtow
Wesenberg
Drewensee
Dabelowsee
Hardenbeck
Großer Mechowsee
Nebelsee
Mirower Schloss
Peetsch
Ahrensberg
Godendorf
Haussee
Zootzensee
Rätzsee
Plätlin-see
Wagnitzsee
Gr. Küstrinsee
Wustrow
Priepert
Lychen
Jakobshagen
Vilzsee
Labussee
Strasen
Ziern-see
Zenssee
NATURPARK STECHLIN-RUPPINER LAND
Kleiner Pälitzsee
Diemitz
Canow
Groß-
Ellbogen-see
Fürstenberg
NATURPARK
Lychensee
Klein-
zerlang
Stolpsee
Havel
Gr. Zechliner See
Großer Pälitzsee
Röblin-see
Platkowsee
Netzowsee
Zechliner Hütte
Neuglobsow
UCKERMÄRKISCHE SEEN
Templiner See
Schlabornsee
Havel
Dorf Zechlin
Stechlinsee
Templin

Die Entstehung der Seenlandschaft – am Anfang war das Eis

Die Mecklenburgische Seenplatte verdankt ihre Entstehung den Eiszeiten. Riesengletscher – „die große Pflugschar Gottes" – schürften Rinnen und Senken aus, die sich später mit Wasser füllten.

Es waren vor allem die beiden letzten Eisvorstöße der Weichsel-Kaltzeit, das Frankfurter Stadium (etwa vor 24 000 bis 16 500 Jahren) und das anschließende Pommersche Stadium (vor etwa 16 500 bis 14 000 Jahren), die dem norddeutschen Flach- und Hügelland den allerletzten Schliff gaben. Noch vor ungefähr 15 000 Jahren lagen weite Teile Mecklenburgs unter einem mehrere Hundert Meter mächtigen Eispanzer. Skandinavische Inlandgletscher hatten sich während der Kaltzeiten des Eiszeitalters weit nach Süden vorgeschoben und auf ihrer Wanderung gewaltige Mengen Gesteinsmaterial vom Untergrund aufgenommen. An der Gletschersohle schrammte der mitgeführte Gesteinsschutt Senken und tiefe Furchen ins Land und wurde dabei selbst zu „Geschiebe" geschliffen. An anderer Stelle wurden mit anderem Gesteinsmaterial Kuppen und Höhenzügen zusammengeschoben. In der Folge zeigt die Großseenlandschaft heute eine auffallende, von Nordosten nach Südwesten deutlich gestaffelte Gliederung, die durch die Vor- und Rückwärtsbewegungen des Eises bedingt ist und mit der Abfolge von Grundmoräne, Endmoräne, Sander und Urstromtal in den Grundzügen eine sogenannte glaziale Serie verkörpert.

Wo die abschmelzenden Gletscherzungen zum Stillstand kamen, wurden bogenförmige, bis zu 179 m hohe Hügelketten, die Endmoränen, abgelagert. Die Hauptendmoräne des Frankfurter Stadiums bildet vom Schweriner See Richtung Südosten die Südgrenze der Mecklenburgischen Seenplatte. Die Pommersche Hauptendmoräne blieb am Nordrand des heutigen Naturparks

Dieser kleine Tümpel hat sich im Einsenkungstrichter eines ehemaligen Toteisblocks gebildet. Solche Sölle sind typisch für die von eiszeitlichen Gletschern geformte Landschaft in Mecklenburg.

Nossentiner-Schwinzer Heide stehen. Von dort aus verläuft die nördliche Grenze der Seenplatte südöstlich in Richtung Neustrelitz. Das südlich der Endmoränen aus großen und kleinen Gletschertoren abfließende Schmelzwasser breitete die zu Kies, Sand und Ton zermalmten Gerölle auf weiten Flächen aus, den Sandern, die heute von den Waldgebieten der Nossentiner-Schwinzer Heide und des östlichen Müritzgebiets eingenommen werden. Nördlich bzw. nordöstlich hinter den Endmoränen liegen die Grundmoränen, die stellenweise um einige Meter von Drumlins überragt werden. Diese an Walrücken erinnernden Hügel, deren Längsachse die ehemalige Eisbewegungsrichtung anzeigt, entstanden, als das Eis beim erneuten Vorrücken ältere Gletscherablagerungen überfuhr. Sogenannte Oser, Höhenzüge aus Kiesen und Sanden ehemaliger subglazialer Flussbetten, ziehen sich bahndammartig über die flachen Grundmoränengebiete. Ein Beispiel dieser Hinterlassenschaften ist der 1 km lange und bis zu 250 m breite Rühlower Oszug östlich von Neubrandenburg. Insgesamt besitzt Mecklenburg-Vorpommern den deutschlandweit bedeutsamsten Bestand an Osern.

Der durch drei zungenartige Halbinseln gegliederte Schweingartensee im Ostteil des Müritz-Nationalparks füllt eine Rinne aus, die von Nordost nach Südwest in der Richtung des einstigen Eisvorstoßes verläuft.

Die mächtigen aus Skandinavien vordringenden Eismassen formten mit ihren Hinterlassenschaften die heutige Seenlandschaft.

Aus Toteis wurden Biotope

Das Ende der Eisbedeckung war die Geburtsstunde der Seen. Es entstanden schmale Zungenbecken und tiefe Rinnenseen, wie der Schmale Luzin bei Feldberg und der Tiefwaren bei Waren. Fließgewässer schufen Durchbruchstäler wie das Warnow-Mildenitz-Durchbruchstal, in dem das Flüsschen Mildenitz zwischen Kläden und dem Schwarzen See eine Endmoräne durchbricht. Vom schwindenden Eis abgekoppelte Toteisblöcke hinterließen

In den Heiligen Hallen, Deutschlands erstem Waldreservat, wird der Wald sich selbst überlassen. So kann das vermodernde Totholz Nährboden und Heimat vieler Tier- und Pflanzenarten werden.

vorwiegend in hügeligen Grund- und Endmoränenbereichen große und kleine Seen sowie zahllose winzige Wasserlöcher. Ab einer Größe von 25 m² gelten diese Sölle als geschützte Biotope, wo sich Raritäten, wie Sumpfrohrsänger, Rotbauchunke und Ringelnatter, wohl fühlen. Blieb ein Toteisblock im Untergrund erhalten, entstand der Kessel erst sehr spät und wurde deshalb auch nicht mit Sedimentmaterial zugeschüttet. Die Feldberger Seenlandschaft liefert einige Beispiele für dieses Phänomen.

Moorschutz ist Klimaschutz

Mit rund 300 000 ha Moorgebieten, das sind etwa 12 % der Landesfläche, gehört Mecklenburg-Vorpommern zu den moorreichsten Bundesländern Deutschlands. Einige Moore entstanden durch Verlandung flacher Seen, andere durch den allmählichen Anstieg des Grundwasserspiegels. Kesselmoore bildeten sich nach dem Abschmelzen von Toteisblöcken in Vertiefungen, die vom hangabwärts fließenden Bodenwasser gespeist werden. In diesen heute so wertvollen Biotopen lagerten sich seit dem Spätglazial und vor allem im Holozän schlammige Sedimente mit viel organischem Material (Mudden) und Torfe ab. Die meisten Moore wurden in den Jahren von 1960 bis 1990 für die landwirtschaftliche Nutzung entwässert, was nicht nur Auswirkungen auf die lokale Flora und Fauna hat, sondern auch globale Folgen, denn Torfe speichern bis zu 20 % des in Böden gebundenen Kohlenstoffs. Wird die Torfbildung unterbrochen, geben die Moore Kohlendioxid und andere klimarelevante Treibhausgase ab.

Heute wird die Renaturierung der Moore in Mecklenburg-Vorpommern gezielt vorangetrieben. Dies führte bereits zu Emissionsminderungen von etwa 30 000 t CO_2-Äquivalenten pro Jahr. Allein im Teilgebiet Serrahn des Müritz-Nationalparks, in dem einst einer 400 ha großen Moorfläche das Wasser entzogen wurde, hat man über 300 ha wieder vernässt. Mit etwa 840 ha zählt der Niedermoorpolder Große Rosin am Kummerower See zu den größten Wiedervernässungsprojekten. Betrug dort die Treibhausgasemission vor der Wiedervernässung noch ca. 24 t CO_2-Äquivalente pro Jahr, sind es nach der Renaturierung weniger als die Hälfte. Inzwischen hat sich das Gebiet zum Schlafplatz tausender Kraniche und zum Lebensraum für seltene Vogelarten wie Weißflügelseeschwalbe und Zwergralle entwickelt. Die etwa 50 ha des Polders Kieve am Oberlauf der Elbe werden nach ihrer Wiedervernässung (bezogen auf die Laufzeit von 50 Jahren) eine Emissionsverminderung von mindestens 14 325 t CO_2-Äquivalenten erbringen. Mit diesem Projekt startete 2012 das weltweit erste Wiedervernässungsprojekt, das komplett über den Verkauf von Klimaschutzzertifikaten, den MoorFutures, finanziert wird. Es gibt Unternehmen die Möglichkeit, ihre Treibhausgasbilanz zu verbessern.

Steinreiches Land

Auffällige Zeugen der einstigen Vergletscherung sind die gewaltigen Steinblöcke, die mit dem Eis aus dem Norden kamen. Sie liegen an Feldrändern und scheinen mancherorts aus dem Erdreich immer wieder „nachzuwachsen". Bis ins späte 19. Jh. war man sich ungewiss, welche Kräfte diese gewichtigen Fremdlinge nach Mecklenburg und weit darüber hinaus, bis an den Rand der deutschen Mittelgebirge, bewegt hatten. Als „erratische", d.h. „verirrte" Gesteinsbrocken oder einfach als Findlinge wurden sie bezeichnet, und man glaubte, eine riesige Schlammflut hätte die Steine von Skandinavien her gen Süden gespült. Eine andere Theorie führte die Existenz der Steine auf vulkanische Vorgänge zurück. Goethe ließ – darauf anspielend – seinen Mephisto in Faust II über diesen Meinungsstreit spotten: „Noch starrt das Land von fremden Zentnermassen/Wer gibt Erklärung solcher Schleudermacht?/Der Philosoph, er weiß es nicht zu fassen, /Da liegt der Fels, man muss ihn liegen lassen,/Zuschanden haben wir uns schon gedacht." Der in der Schweiz geborene Louis Agassiz (1807–1873) schickte 1837 in einem Vortrag vor der Naturforschenden Gesellschaft in Neuchâtel über die Ergebnisse seiner Forschungen an rezenten Gletschern die Wissenschaft allerings auf die richtige Spur: Riesengletscher hatten die Gesteinsbrocken weit entfernt von ihrem Herkunftsort abgeladen und waren dann zurückgeschmolzen. An ihrer neuen Lagerungsstätte findet man Findlinge beispielsweise im Naturschutzgebiet Wüste und Glase, westlich von Klein Luckow, wo das Pommersche Stadium der Weichsel-Eiszeit ein besonders ausgeprägtes Relief hinterließ. Andernorts hat man die Steine in Schaugärten zusammengetragen. So werden mehr als 2000 eiszeitliche Findlinge nordöstlich von Neubrandenburg im Findlingsgarten Schwichtenberg präsentiert.

Das Kernstück dieses Findlingsgartens bildet eine steinerne Landkarte, die aus etwa 120 Findlingen die Umrisse Skandinaviens, des Herkunftsgebietes dieser Leitgeschiebe, nachzeichnet. Andere Exemplare hat man hier nach ihrer Gesteinsart sortiert: Tiefengesteine (Plutonite), Ergussgesteine (Vulkanite), Ablagerungsgesteine, Gneise (Metamorphite) und Konglomerate (Sedimentgesteine aus mit meist kalkigem Bindemittel verkitteten Geröllen).

Die Eiszeitroute – zurück in die kalte Vergangenheit

Ein Ausflug über die insgesamt 666 km lange Eiszeitroute Mecklenburgische Seenplatte ist eine Zeitreise weit zurück in die Geburtsstunden dieser Landschaft. Findlinge am Wegesrand, glasklare Seen, eindrucksvolle Hügelketten und weite Sanderflächen, dunkle Moore und klare Quellen – überall finden sich Spuren aus der Zeit, als das Land unter Gletschern begraben war. Schautafeln, Findlingsgärten, Museen und Lehrpfade entlang dieser Route, die sich am besten mit dem Fahrrad erkunden lässt, helfen, die Wirkung der Gletscher und der Schmelzwasserströme zu verstehen. Vier Rundrouten starten und enden in Neubrandenburg, eine in Neustrelitz. Der 418 km lange Außenring ist in neun Einzeltouren unterteilt. Die 34,5 km lange Tour von Feldberg nach Fürstenberg führt zu eiszeitlichen Zeugnissen wie den See Schmaler Luzin (im Bild), den Feldberger Findling, das Naturschutzgebiet Kesselmoor und den Sprockfitz, einem wegen seiner Seespiegelschwankungen interessanten Gewässer.

Geopark Mecklenburgische Eiszeitlandschaft

Steinerne Gärten und gestauchte Moränen

Gletscher, glaziale Serie, Toteis, Geschiebe, Endmoräne, Sander. Alle diese Begriffe, die manchen nur noch an womöglich ferne Schulstunden erinnern, sind im Geopark Mecklenburgische Eiszeitlandschaft in natura zu bewundern. Der Geopark zwischen Demmin im Norden bis Neustrelitz im Süden sowie Pasewalk im Osten erstreckt sich über rund 21% der Landesfläche. 2002 wurde er auf den Hellbergen bei Neustrelitz gegründet. Das große, fast 5000 km² umfassende Gebiet gilt als geologische Modellregion für eiszeitlich entstandene Landschaften.

Das Pleistozän ist „schuld"

Der grundsätzliche Ablauf der Vereisung im Pleistozän und der daraus entstandene Formenschatz glazialer Landschaften – Seen, Hügelketten, Moore und Quellen – liegen einem hier sozusagen zu Füßen. So stehen beim Aktionszentrum Eiszeit- und Naturerlebnis Feldberger Seenlandschaft die landschaftsformenden Prozesse während des Eiszeitalters im Vordergrund.

Findlingsgärten geben einen guten Überblick über die Vielfalt der Großsteingeschiebe. In der Nähe des Findlingsgartens Schwichtenberg, dem größten Findlingsgarten Norddeutschlands, kann man durch ein altes Gletscherzungenbecken mit dem größten Niedermoorgebiet nördlich der Pommerschen Hauptendmoräne auf deutschem Gebiet wandern, ein Musterbeispiel für den nacheiszeitlichen Verlandungsprozess. Das wesentliche Sediment der angenehm weiten, welligen Grundmoränenflächen im Norden ist Geschiebemergel.

Des Teufels Wurfgeschoss

In diesem Teil des Geoparks, am Altentreptower Klosterberg, liegt der Große Stein. Der 133 m³ große Granitblock aus Mittelschweden wiegt 350 t. Er gilt als größter Findling auf deutschem Festland. Der Sage nach hatte Luzifer diesen Stein nach dem Turm der Treptower St. Petri-Kirche geworfen, doch er landete schon am Klosterberg. Noch heute sollen die Abdrücke der Finger auf der Oberfläche des Steins zu erkennen sein.

Eine Tour über den 30 km langen Radweg „Rund um das Mäandertal der Tollense" vermittelt eine Ahnung von der Kraft des Schmelzwassers. Als sich am Ende der Weichsel-Kaltzeit der Urstrom Richtung Ostsee ergoss, bahnte er sich seinen Weg zwischen Klempenow und Altentreptow mehr als 30 m tief durch die Grundmoränenfläche. Noch heute windet sich hier die Tollense naturbelassen durch die Auenlandschaft. Die Rosenthaler Stauchendmoräne im Naturerlebnis Forstsamendarre Jatznick gilt als Beispiel für Stauchendmoränen im Jungmoränengebiet.

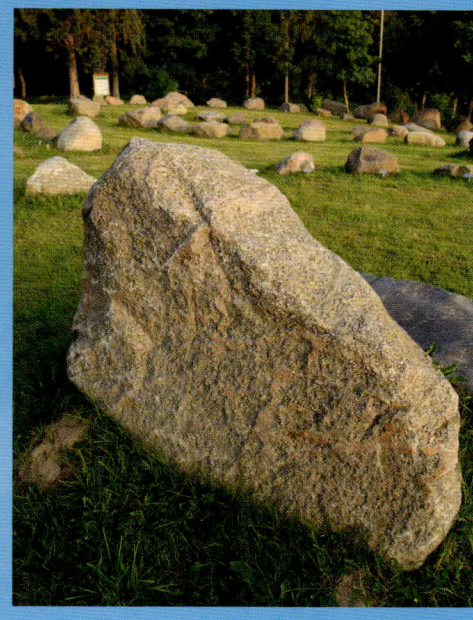

Obwohl mangels finanzieller Mittel der Geopark derzeit nur noch ehrenamtlich geleitet werden kann – aus diesem Grund gab man hier auch 2009 die Zertifizierung als von der UNESCO anerkannter europäischer Geopark zurück – werden nach wie vor Führungen und Exkursionen unter dem Motto „Willkommen in der Eiszeit" angeboten. Eines der jüngsten Projekte war im Jahr 2013 die Freilegung des grandiosen Ausblicks bei Usadel auf den Tollensesee, nach einem mecklenburgischen Geologen Eugen-Geinitz-Sicht benannt.

Die 68 km lange Tollense mäandert durch ein etwa 2 km breites Urstromtal zwischen Klempenow und Altentreptow (links oben).

Auch in Raben Steinfeld hinterließ das Eis Geschiebe aus Skandinavien. Der Findlingsgarten auf einem Endmoränenhügel am östlichen Stadtrand von Schwerin präsentiert zahlreiche eiszeitliche Granit- und Gneisblöcke aus der Umgebung (oben).

Hintergrundbild: Die Felsblöcke im Findlingsgarten Carwitz im Naturpark Feldberger Seenlandschaft wurden nach dem Umriss eines riesigen Mammuts angeordnet.

Geopark Mecklenburgische Eiszeitlandschaft | 27

Mecklenburgs artenreiche Tier- und Pflanzenwelt

Die seenreiche Landschaft bietet zahllosen Wasser- und Watvögeln Heimat und Rastplatz. Der weitgehend intakte Naturraum der Seenplatte ist Lebensraum oder Refugium für viele gefährdete Pflanzen- und Tierarten.

Der Himmel über der Mecklenburgischen Seenplatte ist Hoheitsgebiet vieler, zum Teil seltener Vogelarten. Über 30 % der Landschaft wurde als Europäisches Vogelschutzgebiet ausgewiesen. So findet auch die in ihrem Bestand gefährdete Rohrdommel hier noch in Auen und Mooren einen intakten Lebensraum. Vor allem im Landkreis Müritz kann man zur Balzzeit die Rufe des Männchens hören, den man aufgrund seines tiefen und dumpfen Hupens auch „Moorochse" nennt. Auf dem Balzflug erzeugen die Schwanzfedern der Bekassine, Vogel des Jahres 2013, ein meckerndes Geräusch, weshalb man diesen langschnäbeligen Bodenbrüter in Mecklenburg auch „Himmelsziege" nennt. Etwa 50 Vogelarten brüten im Naturschutzgebiet am Nordufer des Plauer Sees. Die sauberen Gewässer ernähren Enten, Gänse und zahlreiche Schnepfenvögel ebenso wie den Kormoran, einen gefiederten Fischräuber, der fast ein Pfund Fisch am Tag verspeisen kann. Landesweit brüten in 16 Kolonien über 11 000 Kormoranpaare. Mehr als 700 Nester sind allein im Naturschutzgebiet Krakower Obersee nachgewiesen. Oft ist der Graureiher Mitbewohner der großen Kormorankolonien und muss mitunter das Schicksal seiner Nachbarn teilen, die, außer im Müritz-Nationalpark, außerhalb der Brutzeit „zur Abwendung erheblicher fischereiwirtschaftlicher Schäden" geschossen werden dürfen.

Der Eisvogel bevorzugt saubere Gewässer. In Mecklenburg findet dieser flinke Fischfänger noch viele naturnahe Seen und Bäche mit ausreichender Sichttiefe und reichem Nahrungsangebot.

Wo Adler ihre Kreise ziehen

Fisch ist auch die Leibspeise des etwa spatzengroßen, orangerot und kobaltblau schimmernden Eisvogels. Geduldig hockt er auf Pfählen und Ästen am Ufer glasklarer Still- oder Fließgewässer, um sich plötzlich, wie ein blauer Blitz, kopfüber auf seine Beute zu stürzen. Ab Ende März oder Anfang April brütet er in selbst gegrabenen Brutröhren in steilen Lehm- oder Sanduferböschungen oder in den aufragenden Wurzeln umgestürzter Bäume. In ganz Deutschland soll es noch etwa 8000

Brutpaare geben. Längst hat man den Eisvogel auf die Rote Liste der gefährdeten Tierarten gesetzt.

Der Adler ist der wohl aufregendste Vogel der Mecklenburgischen Seenplatte. See-, Fisch- und auch Schreiadler haben hier noch weitgehend naturnahe Rückzugsgebiete. Vor allem der Seeadler, Deutschlands größter Greifvogel, bietet mit seiner Flügelspannweite von bis zu 2,50 m einen majestätischen Anblick. Über 450 Brutpaare leben noch in Deutschland, 300 davon in Mecklenburg-Vorpommern. Er ernährt sich mit Vorliebe von Fisch, erbeutet aber auch Seevögel und verzehrt Aas. Zu Beginn des 20. Jh. wurde den See- und Fischadlern derart nachgestellt, dass es 1913 nur noch 23 Brutplätze auf dem Gebiet des heutigen Mecklenburg-Vorpommern gab. Erst mit der Preußischen Tier-und Pflanzenschutzverordnung von 1921 und mit der Verordnung über den Schutz der Raubvögel von 1926 in Mecklenburg-Schwerin konnte sich der Seeadlerbestand allmählich wieder erholen. 1930 zählte man bereits wieder 46 Paare. Der schädliche Einsatz des Pflanzenschutzmittels DDT in der Landwirtschaft ließ den Bestand ab den 1950er-Jahren bei etwa 80 Brutpaaren stagnieren. Heute vermehrt sich der Seeadler in Mecklenburg ebenso wie sein etwas kleinerer Bruder, der Fischadler. In Mecklenburg von April bis Oktober zu Gast, nistet er vor allem auf Gittermasten von Überlandleitungen. Scheinbar schwerelos schweben die stattlichen Vögel bis zu 50 m hoch am Himmel, bevor sie sich auf ihre schwimmende Beute stürzen.

Vom Aussichtsturm Moorochse am Ufer des Plauer Sees im Naturpark Nossentiner-Schwinzer Heide kann man neben einer großen Kormorankolonie (oben) auch den majestätischen Seeadler (unten) beobachten.

Drei verschiedene Adlerarten finden in Mecklenburg-Vorpommern ein reiches Jagdrevier.

Der schokoladenbraune Schreiadler ist der kleinste heimische Adler und zugleich pommersches Wappentier. Wie andere Adler schlägt er seine Beute

Mecklenburgs artenreiche Tier- und Pflanzenwelt | 29

Der Große Schwerin mit Steinhorn zählt zu den ältesten Naturschutzgebieten in Mecklenburg-Vorpommern. Der Beobachtungsturm bietet Vogelfreunden Gelegenheit, seltene Arten zu entdecken.

Fischotter verzehren kleine Fische bereits im Wasser, die großen werden an Land geschleppt (unten). **Seeadler** greifen sich den Fisch blitzschnell und tragen ihn dann zu einem Futterplatz (unten Mitte). **Kraniche** stärken sich im Herbst auf den Feldern und Wiesen Mecklenburgs für ihren Flug nach Süden (unten rechts).

im rasanten Sturzflug, doch jagt er Frosch und Maus auch zu Fuß. Auf seinem Weg vom Winterquartier zu den Brutplätzen legt er nicht weniger als 10 000 km Flugstrecke zurück. Etwa 100 Schreiadler-Brutpaare gibt es noch in Deutschland, 80 davon leben in Mecklenburg-Vorpommern.

Bei Sonnenaufgang gehen die Kraniche auf Nahrungssuche und fressen sich auf den herbstlichen Äckern Mecklenburgs mit Getreide, Mais und Kartoffeln, aber auch mit Insekten, Larven, Fröschen und Reptilien den nötigen Winterspeck an. So sammeln sie Kraft für ihre immerhin bis zu 2000 km lange Reise in den Süden. Seine Nachtruhe findet der große silbrige Vogel in Flachwassergebieten wie am Rederangsee im Müritz-Nationalpark. Die Langenhägener Seewiesen am Rand des Naturparks Nossentiner-Schwinzer Heide bieten im Oktober bis zu 2500 Kranichen Platz. Auch vom Beobachtungsturm an der Südspitze des Malchiner Sees im Naturpark Mecklenburgische Schweiz kann man die Kraniche beobachten, wie sie mit lautem Trompeten ihre Schlafplätze anfliegen.

Leben im und am Wasser

Mecklenburg, das „Land der mehr als tausend Seen", ist auch das Land diverser Amphibien und anderer Wasserbewohner. Etwa 30 Fischarten tummeln sich in den Gewässern Mecklenburgs. Allen voran der Hecht, der Herrscher der meisten mecklenburgischen Seen. Neben dem Hecht ist der stiernackige Barsch, der allerdings selten länger als 35 cm wird, der Leitfisch hiesiger

Gewässer. Große Möwenschwärme auf dem See verraten die Barschschwärme, die ab Juli ihre Beutefische bis an die Oberfläche des Sees jagen. Der Barsch gehört zu den schmackhaftesten Fischen der Mecklenburgischen Seenplatte und wird in dieser Eigenschaft nur noch vom Zander mit seinem grätenarmen und mageren Fleisch übertroffen. Er macht im trüben, flachen Wasser Jagd auf kleinere Fische. Gute Hecht-, Barsch- und Zanderreviere sind beispielsweise die Seen um Mirow und Wesenberg. Hier schwimmen auch Karpfen, Rotaugen, Brassen und Schleien. Der Aal geht von Mai bis September am besten in der Nacht an die Angel. Im Breiten Luzin inmitten der Feldberger Seenlandschaft bestehen gute Aussichten auf den Fang von Maränen. Das Fleisch dieses sauerstoffbedürftigen Kaltwasserfisches ist fett und zart. Eine Besonderheit ist die endemische, d. h. nur in diesem begrenzten Raum vorkommende Luzinmaräne, auch „Tiefenmaräne", „Luzin-Quietschbauch" oder „Quietschbükers" genannt. Im Tollensesee schwimmen seltene Fischarten wie Quappen und Binnenstinte.

Natürlich sind Fische die Lieblingsspeise des Fischotters, der aber auch Insekten, Lurche, Wasservögel, Kleinsäuger, Krebse, Mollusken und sogar Wasservögel nicht verschmäht. Er lebt gerne an flachen Flüssen mit zugewachsenen Ufern und ausgedehnten Überschwemmungsgebieten. Mitte des 20. Jh. war die Tierart aus weiten Teilen West- und Mitteldeutschlands verschwunden. Als Fischräuber mit speziell abgerichteten Otterhunden gnadenlos verfolgt und als Fastenspeise begehrt, gehört die bis zu 140 cm lange und somit größte heimische Marderart zu den am stärksten vom Aussterben bedrohten Säugetieren Mitteleuropas. Auch ihr warmes Fell – 50 000 Haare wachsen einem Otter je Quadratzentimeter Haut –, der Ruf als Fischräuber und schließlich die Verschmutzung der Gewässer machten den Fischottern das Überleben schwer.

Fast hätte man auch den Biber im 19. Jh. ausgerottet. Vor allem das Bibergeil, eine ölige Flüssigkeit in den Duftdrüsensäcken, mit denen der

Zur Geschichte der Binnenfischerei auf dem Schweriner See bietet das Freilichtmuseum Schwerin-Mueß am Südufer des Sees eine Dauerausstellung. Auch der alte Fischerkahn ist ein Museumsstück.

Mecklenburgs artenreiche Tier- und Pflanzenwelt

Ein junger Waschbär im Müritz-Nationalpark erhält im Rahmen des Forschungsprojekts „Waschbär" eine Ohrmarkierung mit Sender. Auf diese Weise bekommen die Forscher Einblick in die Lebensweise der Kleinbären (oben).

Die Zwei-Männer-Brücke überspannt bei Alt Necheln in der Sternberger Seenlandschaft die Warnow, wo Biber wieder ein sicheres Refugium gefunden haben (oben rechts).

Nager sein Revier markiert, wurde ihm zum Verhängnis. Man setzte es als Schmerzmittel, bei Epilepsie und zur Stärkung der Manneskraft ein. Neuansiedlungen in den letzten Jahrzehnten des 20. Jh. sicherten in Norddeutschland den Bestand des Bibers, den man auch in der Sternberger Seenlandschaft wieder antreffen kann. Die Tiere haben sich inzwischen gut vermehrt und setzen mitunter durch ihre Dämme und Wasserburgen gelegentlich weite Grünlandflächen unter Wasser. Über Nacht kann der Biber mit seinen bis zu 3,5 cm langen, ständig nachwachsenden Zähnen einen bis zu einem halben Meter dicken Baumstamm fällen. Er ist ein ausgezeichneter Schwimmer, der es bis zu 20 Minuten unter Wasser aushalten kann. Dabei kann er die Ohren verschließen. Seine Augen sind durch eine flexible, transparente Bindehautfalte geschützt. Auch paart sich der monogam lebende Biber im und unter Wasser. Nach etwa 106 Tagen Tragzeit bringt das weibliche Tier jedes Jahr durchschnittlich drei Junge auf die Welt. So ein Familienverband besetzt am Ufer ein bis zu 5 km langes Revier.

Erfolgreicher Neubürger: der Waschbär

Gewässerreiche Misch- und Laubwälder sind der bevorzugte Lebensraum der Waschbären. Sie sind geschickte Kletterer und fressen so ziemlich alles, was ihnen vor die Nase kommt. Was diese dämmerungs- und nachtaktiven Tiere, deren eigentliche Heimat in Nordamerika liegt, umtreibt, erkundete man in Mecklenburg-Vorpommern im Müritz-Nationalpark mit einem Waschbär-Forschungsprogramm. Die Sender an den Halsbändern von rund 30 Tieren lieferten Tag- und Nachteinblicke in die Gewohnheiten dieses Migranten, der als begehrter Pelzlieferant bereits in den 1920er-Jahren nach Deutschland importiert wurde. Der erste Waschbär in Mecklenburg-Strelitz wurde 1977 in der Nähe der Heiligen Hallen dokumentiert. Die Population in Mecklenburg-Vorpommern stammt vorwiegend von Tieren ab, die 1945 bei Berlin entlaufen waren. In den 1950er-Jahren meldeten sich erste Stimmen, die in dem fremden Kleinbären eine Gefahr für die heimische Flora und Fauna erkannten. 1954 erklärte Hessen als erstes Bundesland den Waschbären zum Jagdwild. Heute besitzt der Neubürger nach bundesdeutschem Recht den Status einer „heimischen Art" und unterliegt in Mecklenburg-Vorpommern dem Jagdrecht. Inzwischen leben in Mecklenburg etwa 10 000 bis 15 000 Waschbären.

Eigentlich zählt der Moorfrosch zur Gattung der Braunfrösche, doch zur Paarungszeit trägt das Männchen blaue Haut auf dem Heiratsmarkt im sonnenbeschienenen Flachwasser von Nasswiesen, Zwischen-, Nieder- und Flachmooren sowie Erlen- und Birkenbrüchen. Lymphflüssigkeit lässt die aufgeblähten Leiber dann etwa zwei Tage lang in der Mittagssonne himmelblau bis violett leuchten. Gluckernd und blubbernd wirbt er im März um die Gunst der Weibchen. Moorfrösche ernähren sich von kleinen Arthropoden, Schnecken und Regenwürmern. Mehrere Tausend Exemplare erwachsener Moorfrösche leben in den überschwemmten Erlenbrüchen und großflächigen Seggenrieden Mecklenburg-Vorpommerns. Nachdem viele Jahre lang der Bestand schrumpfte, ist der Moorfrosch heute Nutznießer umfangreicher Renaturierungsmaßnahmen.

Die Rotbauchunke ist ein kleiner, etwa 40–55 mm großer Froschlurch mit abgeflachtem Körper und kontrastreicher Unterseite, die schiefergrau bis schwarz gefärbt und von orangefarbenen oder auch roten Flecken durchsetzt ist. Als Laichgewässer bevorzugen Rotbauchunken stehende, sich schnell erwärmende Gewässer, beispielsweise Sölle und Weiher der Mecklenburgischen Seenplatte. Während in Osteuropa und Südosteuropa noch relativ stabile Bestände existieren, ist die Art in Deutschland extrem selten geworden und steht unter strengem Schutz.

In den Röhrichtzonen der Mecklenburger Seen ist die Blauflügel-Prachtlibelle häufig zu beobachten. Nur das Männchen trägt blaue Flügel, die des Weibchens sind bräunlich gefärbt.

Filigran geflügelte Vielfalt

Mehr als 100 Tagfalterarten flattern als empfindliche Bio-Indikatoren für eine intakte Umwelt in Mecklenburg-Vorpommern. Mit einer Vorderflügellänge von bis zu 21 mm ist der Große Feuerfalter einer der größten Vertreter der Gattung Feuerfalter. Der kleinste ist mit maximal 14 mm Spannweite der Blauschillernde Feuerfalter. Zu den zahlreichen, teils seltenen Libellenarten Mecklenburgs zählt die Gemeine Heidelibelle. Über stillen Waldseen segelt die Braune Mosaikjungfer, und an Waldrändern jagt der Blaupfeil Insekten. Die beiden größten Kleinlibellenarten Mecklenburg-Vorpommerns sind die Blauflügel-Prachtlibelle und die schillernd blaugrüne Gebänderte Prachtlibelle mit einer Länge von ca. 5 cm und einer Flügelspannweite von 7 cm.

Mecklenburgs artenreiche Tier- und Pflanzenwelt | 33

Noch darf sich der prächtige Damhirsch in der Nossentiner Heide sicher fühlen, doch ab September ist seine Schonzeit vorbei. Gejagd wird vor allem zur Brunftzeit, wenn die Schreie der Hirsche durch den Wald hallen.

Jagdrevier Mecklenburg

Mecklenburg-Vorpommern zählt zu den wildreichsten Bundesländern in Deutschland. In den ausgedehnten Wäldern finden die heimischen Schalenwildarten und zahlreiche Niederwildtiere optimale Lebensbedingungen. Das wussten auch schon die Altvorderen zu schätzen. Das Gebiet um Serrahn beispielsweise war in den Jahren von 1833 bis 1918 Hofjagdgebiet des Großherzogs von Mecklenburg-Strelitz. Später wurde das Gelände Staatsjagdgebiet der DDR-Politprominenz. Begeistert jagte beispielsweise der Staatsratsvorsitzende der DDR, Erich Honecker, Rotwild in der Nossentiner-Schwinzer Heide. Das Jagdhaus in Drewitz ließ Stasichef Erich Mielke für 40 Mio. Mark der DDR ausbauen und schenkte es samt riesigem Waldgebiet Honecker zum 70. Geburtstag.

Die Gesamtjagdfläche des heutigen Landes Mecklenburg-Vorpommern beträgt 19 350 km². „Im Jagdjahr 2012/13 wurden in Mecklenburg-Vorpommern 7986 Stück Rotwild, 12 457 Stück Damwild, 187 Stück Muffelwild, 56 783 Stück Rehwild und 65 059 Stück Schwarzwild erlegt. So erzeugten die ca. 10 500 in Mecklenburg-Vorpommern ansässigen Jäger in den Wäldern, auf den Wiesen und Feldern ein Wildbretaufkommen von knapp 4000 Tonnen", meldet das hiesige Ministerium für Landwirtschaft, Umwelt und Verbraucherschutz, nicht ohne zu betonen, dass „Jagd und Hege für artenreichen und gesunden Wildbestand in M-V" sorgen.

Refugium botanischer Kostbarkeiten

Viel Wasser, Wälder, weite Felder und Wiesenflächen charakterisieren die Landschaft Mecklenburgs. Die weitgehend gesunde Natur zeichnet sich durch eine vielfältige Pflanzenwelt aus, zu der zahlreiche Arten gehören, die vom Aussterben bedroht sind. So sind die Seen, die geheimnisvollen Moore, die saftig grünen Wiesen und dunklen Wälder nicht nur Augenweide, sondern zum Teil auch wertvolle Biotope. Besonders wertvoll sind die naturnahen Sümpfe. Sie werden durch Oberflächen-, Quell-, Stau- oder Grundwasser gespeist und zeichnen sich durch ein mehr oder weniger regelmäßiges Trockenfallen aus. Hier wachsen Schilf, Breitblättriger Rohrkolben, Rohr-

Wölfe in Mecklenburg-Vorpommern

Das Projekt „Willkommen Wolf"

Der Wolf ist auf dem Vormarsch. 1996 wurde in der Lausitz die erste Wolfsansiedlung dokumentiert. Im Jahr 2000 gab es den ersten in freier Wildbahn geborenen Wolfsnachwuchs. 20 Rudel leben inzwischen in Deutschland. Auch in Mecklenburg-Vorpommern wurde der *Canis lupus* vereinzelt gesehen. Das rief Ängste hervor und Widersacher auf den Plan, doch Deutschland hat sich mit Unterzeichnung der Berner Konvention und durch die europäische Fauna-Flora-Habitat-Richtlinie zum Schutz der Wolfspopulation verpflichtet. Seit 2010 gibt es für Mecklenburg-Vorpommern einen Wolfsmanagementplan, der neben der Bestandsüberwachung auch Lösungsmöglichkeiten bei Konflikten zwischen Mensch und Wolf anbietet.

Wölfe sind scheu

Dass der Mensch nicht unbedingt in das Beuteschema der Wölfe passt, wurde inzwischen nachgewiesen. Laut NABU Mecklenburg-Vorpommern machen wilde Huftiere zu mehr als 96 % die Nahrung des Wolfs aus. Ein geringer Anteil besteht aus Hasen mit knapp 3 %. Nachdem im Jahr 2012 bei Röbel etliche Schafe vom Wolf gerissen wurden, war die Verunsicherung unter den Tierhaltern groß. Stimmen für eine reguläre Bejagung des Wolfes wurden laut. Mit dem Projekt „Willkommen Wolf" hat sich der NABU dem Schutz der Wölfe in Deutschland verschrieben. Hohe Zäune, Herdenschutzhunde und temporäre Stallhaltung könnten die Schafe schützen. Sollte man einem Wolf im Wald begegnen, wird geraten, sich an dem Anblick zu erfreuen, stehen zu bleiben und zu beobachten, denn der Wolf sei ein scheues Tier, das man leicht durch Geräusche vertreiben könne.

Ein Wolfsbeauftragter des Naturschutzbundes in Mecklenburg versucht die Fährte eines Wolfes zu verfolgen. Hintergrundbild: Wolf bei Güstrow im April 2013.

Über Stege wie hier am Serrahner See kann man die einzigartige Moorvegetation trockenen Fußes erkunden, ohne das empfindliche Ökosystem dabei zu gefährden (ganz oben).

Mit einigem Glück kann man auch die weiß blühende Sumpf-Calla in Mecklenburgs Moorgebieten entdecken. Die in Deutschland streng geschützte Pflanze ist auch unter den Namen „Drachenwurz" oder „Schlangenwurz" bekannt (oben).

Glanzgras und Wasser-Schwaden. Das zartlilafarbene Sumpfveilchen blüht von Mai bis Juli, das himmelblaue Sumpf-Vergissmeinnicht gar bis September. Auch Sumpfscharfgabe, Binsen, Seggen, Farne, Gräser und das Sumpf-Torfmoos gedeihen hier und mögen es ebenso wie die Sumpfcalla, die leuchtend gelbe Wasser-Schwertlilie und die Sumpf-Stendelwurz feucht. Schnecken sorgen für die Bestäubung der Pflanze. Die bis zu 70 cm hohe Sumpf-Stendelwurz, auch auf nassen Wiesen, Seeufern und in Bruchwäldern anzutreffen, lockt mit ihrem Duft Bienen, Wespen und Schwebfliegen an. Die Orchidee mit den weißen, zart violett gemusterten Blüten ist auch als Weiße Sumpfwurz oder Echte Sumpfwurz bekannt.

Auch Moos- und Trunkelbeere sowie verschiedene Torfmoosarten sind in den Feuchtgebieten beheimatet. Von März bis September tüpfeln die weißen Schöpfe des Scheidigen und des Schmalblättrigen Wollgrases die lichten Moorflächen. Im Frühjahr blühen Wasserprimel, Wasserfeder und Sumpf-Porst. In nassen Senken sind Sumpf-Blutauge, Wasserfeder und der Strauß-Gilbweiderich zu finden. Weiß strahlen die Blüten des Fieberklees. In den von nährstoffarmen, kalkreichen Wasser genährten Kalk-Zwischenmooren trifft man auf Binsenschneide, Mehlprimel und Echtes Fettkraut. Dicht mit violetten Blüten übersät zeigt sich das Steifblättrige Knabenkraut, eine Orchideenart, die auf der Roten Liste der bedrohten Arten steht. In den von mineral- und stickstoffreichem Wasser gespeisten Quell-, Überflutungs- und Verlandungsmooren gesellt sich zu Wasser-Schwaden das Rohr-Glanzgras. Auf Torfstichen wächst noch eine andere botanische Kostbarkeit, die kleine und unscheinbare Moosbeere. Man muss genau hinschauen, um den höchstens 6 cm hohen Zwergstrauch zu finden. Armleuchteralgen, die Indikatoren für sehr saubere, nährstoffarme und kalkhaltige Süßwasserseen, sowie Krebsscheren und Seerosen gedeihen in ehemaligen Torfstichen.

Im Wald und auf der Wiese

Die Waldfläche Mecklenburg-Vorpommerns umfasst 534 962 ha. Dies entspricht einem Anteil von 4,8 % an der Waldfläche Deutschlands. Mit einem Anteil von 23,1 % an der gesamten Landesfläche liegt die Bewaldung in Mecklenburg-Vorpommern, wo die fruchtbaren Moränenböden bevorzugt landwirtschaftlich genutzt werden, deutlich unter dem Bundesdurchschnitt von 31 %. Dennoch sind Mecklenburgs Wälder Lebensräume für eine vielfältige Pflanzenwelt. Himbeeren, Blaubeeren und Pilze gedeihen prächtig. Wenn im Frühjahr die Sonne durch die Kronen der noch unbelaubten Bäume auf die Erde dringt, überflutet ein Meer von Buschwindröschen den Waldboden. Lungenkraut und Milzkraut sprießen, Märzenbecher, Sauerklee, Veilchen, Goldstern, Rote Taubnessel und Maiglöckchen gesellen sich dazu. Das Leberblümchen, die Blume des Jahres 2013, liebt lichte Buchen- und Eschenwälder, denn der Farbstoff ihrer blauvioletten Blütenblätter, das Anthocyan, kann Licht in Wärme umwandeln und so die Pflanze vor späten Märzfrösten schützen. Auch der Gelbe Frauenschuh wächst in lichten Wäldern, am liebsten auf kalkhaltigen Böden. Der Vorderteil der Orchideenblüte dient als Kesselfalle, die Insekten, vor allem Erdbienen, lockt. Ein dünner Ölfilm an den Rändern sorgt dafür, dass die Insekten ins Innere gleiten. Auf dem Weg aus der Falle berührt das Insekt die klebrigen Pollenmassen. Fällt es nun wieder in eine andere Kesselfalle, so streift es die Pollen an der Narbe der Blüte beim erneuten Hinaufklettern ab und dient so der Vermehrung dieser vor allem durch Verschattung der dichter werdenden Wälder bedrohten Pflanze.

Auch die Trocken- und Magerrasen waren ursprünglich von Rotbuchen- und Eichenmischwäldern eingenommen. Heute bilden diese offenen Flächen artenreiche Lebensräume. Trockene Kalkmagerrasen gelten in Mitteleuropa als artenreichste Pflanzengemeinschaft. Nahezu die Hälfte aller einheimischen Orchideen, wie die seltene Bienen-Ragwurz, wachsen hier. Auf basenreichem Magerrasen gedeiht sogar die farbenprächtige Wiesen-Kuhschelle.

Auf feuchten Wiesen blüht purpurrot das Breitblättrige Knabenkraut. Von Mai bis Juni zeigt die Trollblume ihr gelbes kugeliges Köpfchen. Ihr Name aus dem lateinischen *trulleus* („rundes Gefäß") wurde im Althochdeutschen *troll*, was so viel wie „kugelrund" heißt. Das streng geschützte Hahnenfußgewächs wird bis zu 50 cm hoch. Das 19 ha große Naturschutzgebiet Trollblumenwiese bei Neukloster ist die westlichste Grenze seines nordostdeutschen Verbreitungsgebietes.

Fleischfresser im Moor: der Sonnentau

In Mooren, an den Rändern wassergefüllter Torfkuhlen und auch auf Heiden gedeiht eine fleischfressende Pflanze, der Rundblättrige Sonnentau. Die maximal 20 cm hohe Pflanze ist ein wahrer Lebenskünstler, der sich extremen Lebensbedingungen angepasst hat. Was diese Pflanze nicht an Nährstoffen aus dem Boden bekommt, holt sie sich aus der Luft. Mücken und Fliegen sind ihre Opfer, im Bild ist eine Florfliege gefangen. Die Blüten öffnet sie nur bei Sonnenschein. Dann glitzern an etwa 200 rötlichen Tentakeln auf der Oberfläche der Fangblätter klebrige Sekrettröpfchen wie Tau. Verfängt sich ein Insekt in der so schönen wie tödlichen Falle, krümmt sich das Blatt, bringt die Beute mit den Verdauungsdrüsen in Berührung und verdaut sie mithilfe eines dem menschlichen Magensaft ähnlichen Sekrets (Bild).

Buchenurwälder

Baumstämme wie die Pfeiler einer gotischen Kathedrale

Wenn Mecklenburg-Vorpommern auch nicht zu den baumreichsten Bundesländern Deutschlands gehört, liegt es gemessen an der Qualität der Wälder in vorderster Reihe. Die Heiligen Hallen bei Feldberg beispielsweise gelten als Deutschlands ältester Buchenwald. Einst bildeten seine Buchen mit ihren Kronen ein gewaltiges grünes Dach, das zum Vergleich mit gotischen Kirchenbauten anregte. Bereits Mitte des 19. Jh. verfügte Großherzog Georg von Mecklenburg-Strelitz, dieses Waldgebiet für alle Zeiten zu schonen.

Natürliche Regeneration

1908 wurde der Wald auf die Denkmalliste Mecklenburgs gesetzt und am 24. Februar 1938 zum Naturschutzgebiet erklärt. Seit 1950 steht es unter absolutem Schutz, ist also ein Totalreservat. 1993 von 25 ha auf 65,5 ha erweitert, ist jedoch vom alten Buchendom nur noch ein Teil erhalten. Die Stürme der Zeit haben den historischen Baumbestand reduziert. Nur noch einzelne Exemplare sind über 350 Jahre alt und an die 53 m hoch. Sie haben ihre biologische Altersgrenze erreicht und bieten nun Wind, Wetter und Parasiten ein leichtes Spiel. Doch sprießt junges Grün nach.

Relikte der Natur

Den Mecklenburger-Strelitzer Großherzögen ist auch zu verdanken, dass die herrlichen Buchenwälder um Serrahn nicht der Holzgewinnung zum Opfer fielen. Heute gehören diese urwaldhaft anmutenden Wälder zu den wenigen Relikten einer ursprünglichen Vegetation, wie sie sich einst nach fast vollständiger Rodung in slawischer und frühdeutscher Zeit wieder entwickelt hat. Mächtige Stämme mit Umfängen bis zu 6 m recken sich an die 40 m in die Höhe.

Die Rotbuche ist eine auf Europa beschränkte Baumart, die ohne Einfluss des Menschen weite Teile Mitteleuropas beherrschen würde. Im Wald von Serrahn des Müritz-Nationalparks wachsen Tiefland-Buchenwälder auf eiszeitlichen Sanden. Seen, Moore und Wiesen bereichern die Waldlandschaft und schaffen Lebensräume für seltene Tiere und Pflanzen. Bereits seit 1945 stehen die Wälder um Serrahn unter Naturschutz. Heute gehören sie zum Müritz-Nationalpark und wurden 2011, gemeinsam mit vier weiteren deutschen Buchenwäldern, 2011 zur UNESCO-Weltnaturerbestätte erklärt. Diese Buchenwälder erweitern so die bereits existierende Weltnaturerbestätte „Buchenurwälder der Karpaten" zu einem großen mitteleuropäischen Weltnaturerbe. Die in der Slowakei und der Ukraine gelegenen Wälder der Karpaten wurden bereits 2007 als UNESCO-Weltnaturerbe anerkannt.

Von blassgelb über orangerot bis rotbraun reicht das Spektrum der herbstlichen Blattfärbung der Buchen, die in den „Heiligen Hallen" ein mehrstufiges buntes Dach bilden (ganz links).

Schon vor langen Jahren hat ein Sturm diese alte Buche entwurzelt, die nun wieder den Nährboden für neues Pflanzenleben bildet (oben).

Mehrere Kesselmoore, die sich aus eiszeitlichen Söllen gebildet haben, bilden eigene Biotope und fördern zugleich den Vermoderungsprozess der alten Buchen (links).

Wie Säulen in einem Dom wirken die alten Buchen, die dank der frühen Schutzmaßnahmen des Großherzogs Georg von Mecklenburg-Strelitz Jahrzehnte ungestört wachsen konnten.

Am Schweriner See – Hauptstadt mit Schloss am Wasser

Schwerin gehört zwar zu den kleinsten Landeshauptstädten Deutschlands, dafür kann es sich aber „Stadt der Seen und Wälder" nennen und mit einem märchenhaften Schloss aufwarten.

Bereits um 1018 wurde die Gegend um die alte slawische Wendenburg „Zuarin", was so viel wie „Wildgehege" heißt, als fisch-, wald- und seenreich beschrieben. Nachdem Heinrich der Löwe, der sächsische und bayerische Herzog, die Burg bezwungen hatte, entstand 1160 in dieser eiszeitlich geprägten, reizvollen Landschaft die erste Stadt in Mecklenburg. Im 16. Jh. dann wurde Schwerin, diese nunmehr blühende Residenzstadt, gerne auch das „nordische Florenz" genannt. Zwar legte im 17. Jh. ein großer Stadtbrand weit über 100 Häuser in Schutt und Asche, dennoch gilt Schwerin bis heute als „Bilderbuch" norddeutscher Architekturgeschichte. Die Gebäude der Altstadt hatten den Zweiten Weltkrieg weitgehend unzerstört überstanden und selbst die modernistische Phase der sozialistischen Stadtplanung der DDR konnte ihr wenig anhaben.

Zäh kämpfte Schwerin 1990 um die historisch angestammte Rolle als Landeshauptstadt. Man warb pragmatisch mit verfügbaren Verwaltungsgebäuden sowie eher auf kulturell-repräsentativer Ebene mit der 500-jährigen Musiktradition des Staatstheaters und ganz besonders mit dem Schloss,

Nicht nur seine Architektur, auch die prunkvolle Inneneinrichtung machen das Schweriner Schloss zu einem herausragenden Beispiel des Historismus in Europa. Die Ahnengalerie im Thronsaal zeigt in lückenloser Reihenfolge Gemälde aller regierenden Herzöge der Dynastie Mecklenburgs vom 14. bis zum 18. Jh., der Thronsessel besteht aus vergoldetem Lindenholz.

dessen Architektur des Romantischen Historismus sich als Symbol der Zusammengehörigkeit anbot. Hoch aufragend auf einer Insel zwischen Burgsee und Schweriner See, verkündet es Schwerins jahrhundertealten Anspruch, Zentrum weltlicher und geistlicher Macht zu sein und gibt mit vergoldeter Kuppel, Erkern und Türmen der alten Residenz- und heutigen Landeshauptstadt fürstlichen Glanz. Obotritenfürst Niklot, der Stammvater des mecklenburgischen Herrscherhauses, beherrscht als monumentales Reiterstandbild die stadtseitige Turmfassade, zu der die von zwei Rossebändigergruppen gerahmte Schlossbrücke führt. Das Schweriner Schloss, dessen älteste Teile noch aus dem 15. und 16. Jh. stammen, wurde zwischen 1990 und 2009 aufwendig saniert. Heute teilen sich der Landtag und das Schlossmuseum die insgesamt 635 Räume. Der Schlossgarten, im Kern eine barocke Schöpfung des Franzosen Jean Laurent Legeay, die später vom berühmten preußischen Peter Joseph Lenné um den Greenhouse-Garten im Stil eines englischen Landschaftsgartens erweitert worden war, wurde anlässlich der BUGA 2009 in weiten Teilen wieder hergerichtet.

Schwerin verdankt sein prachtvolles Schloss den mecklenburgischen Landesfürsten. 1843 bis 1857 erhielt es seine heutige Gestalt im Stil der Neorenaissance nach dem Vorbild des bekannten Loire-Schlosses Chambord. Heute beherbergt das Bauwerk unter anderem den Landtag.

Das Schweriner Schloss ist ein Gesamtkunstwerk, das seiner ganzen Umgebung Glanz verleiht.

Wege am Wasser

Der sogenannte Franzosenweg entlang des Schweriner Sees führt zum Faulen See. Der Abfluss dieses 50 ha großen Sees treibt seit 1705 das Rad einer Wassermühle an, die ursprünglich als Loh-, später als Graupenmühle arbeitete. Mitte des 18. Jh. begann man hier Steine, vor allem Granit, zu Tischplatten, Treppenstufen oder Schmuck für den mecklenburgischen Hof zu

Im Pfaffenteich spiegelt sich die Silhouette des Schweriner Stadtteils Paulsstadt mit dem Arsenal, das 1840–1844 nach Plänen des Schweriner Hofbaumeisters Demmler im Stil der Tudorgotik erbaut wurde (ganz oben).

Die Schleifmühle, eine Wassermühle mit unterschlächtigem Wasserrad, führt seit 1985 mit der rekonstruierten Technik des 18. Jh. vor, wie einst heimische Natursteine mit Wasserkraft bearbeitet wurden (oben).

verarbeiten. Auch die steinernen Wandverkleidungen für das Schweriner Schloss wurden hier gefertigt. Eiszeitliche Findlinge verwandelte man in fürstliche Sarkophage und Denkmalsockel. Als der Schlossbau 1857 vollendet war, endete die Geschichte der Schleifmühle zunächst, und eine Wollspinnerei zog in die Räume des Fachwerkhauses. 1985 wurde die Säge- und Poliertechnik als Schauanlage rekonstruiert. Die Gattersäge vom Anfang des 20. Jh. ist die letzte noch erhaltene Anlage dieser Art in Mecklenburg-Vorpommern.

Der 12 ha große Pfaffenteich inmitten der Altstadt ist das vornehmste der Schweriner Gewässer. Feine Fassaden klassizistischer Bürgerhäuser und Lindenbäume säumen das Westufer des im 12. Jh. künstlich angelegten ehemaligen Mühlenteichs, der heute immer wieder zum Vergleich mit Hamburgs Binnenalster inspiriert. Am gegenüberliegenden Ufer überragt die 117 m hohe Turmspitze des 1249 geweihten Schweriner Doms das Panorama. Auf der Schelfe, einer Anhöhe nördlich der Altstadt zwischen Pfaffenteich, Schweriner See und Ziegelsee, lebten bereits im Mittelalter neben Domherren und Vikaren auch Handwerker, Fischer und Tagelöhner. Mit der nominellen Auflösung des Bistums Schwerin im Jahre 1648 fiel die Schelfvorstadt an den Herzog von Mecklenburg. Doch erst als 1705 Herzog Friedrich Wilhelm mit seiner „Declaration, Von Anbau- und Extendirung der bey der Alten Residentz-Stadt und Vestung Schwerin nahe anliegenden bisher so genandten Schelffe" die Neugründung einer Stadt verkündete, brach sowohl für die Altstadt als auch für das Gebiet der Schelfe eine neue Zeit an.

Mit dem Neubau der heutigen Schelfkirche begann der planmäßige Ausbau der Neustadt. Mit diesem barocken Zentralbau über dem Grundriss des griechischen Kreuzes entstand der erste nachreformatorische Kirchenbau in Mecklenburg. In den Fachwerkbauten aus dem 18. und 19. Jh. hat sich in diesem Viertel bis heute bürgerliche Gemütlichkeit erhalten. Einst lebten hier Prominente wie Friedrich von Flotow, der Komponist der Oper *Martha*, Graf von Schack, der den meisten in Verbindung mit der Münchener Schack-Galerie ein Begriff ist, und Heinrich Seidel, der Konstrukteur des Anhalter Bahnhofs in Berlin.

In DDR-Jahren wurde die Bausubstanz stark vernachlässigt, sie war schließlich vom Verfall bedroht, entsprechend planten Stadt und Bezirk den großflächigen Abriss weiter Teile der ältesten historischen Bauten sowie eine Neubebauung nach sozialistischen Maßstäben. Das rief 1988 die öffentliche Gegenwehr der Schelfstadtinitiative, eine Bürgerinitiative aus Architekten, Künstlern und Juristen, auf den Plan. Seit 1992 wurde das Sanierungsgebiet Schelfstadt mit Mitteln aus dem Städteförderungsprogramm des Bundes und des Landes behutsam saniert. Von 190 denkmalgeschützten Einzelgebäuden konnten die meisten gerettet werden. Die Schelfstadt, heute ein wichtiger Kulturstandort Schwerins, wurde ein beliebter Wohnort für Künstler und junge Familien.

Das sogenannte Neue Gebäude auf dem Altstädtischen Markt in Schwerin wurde von 1783–85 als Markthalle errichtet. In der offenen Säulenvorhalle wurden Waren angeboten. Damit der Blick auf den Dom frei blieb, durfte das Bauwerk nur zweigeschossig sein.

Intakte Natur vor den Toren der Stadt

Schwerin ist von Seen umfangen. Der größte ist der Schweriner See im Osten und Norden der Stadt, der sauberste der 17 m tiefe, lang gestreckte Neumühler See. An vielen Uferpartien dicht von Erlen, Weiden und Buchen umgeben bietet er im Westen der Stadt einen natürlichen Lebensraum für 32 Brutvogelarten, darunter Eisvogel, Zwergschnäpper, Fischadler und Schwarzspecht. Im Winter lassen sich hier auch durchreisende Gäste wie Gänsesäger, Tafel-, Reiher- und Schellenten nieder. Gefährdete Tierarten wie der Fischotter und die Bauchige Windelschnecke, ein gerade einmal 2,5 mm messender Winzling, finden in dem unter Schutz gestellten Gewässer einen sicheren Lebensraum. Beiden Tierarten verdankt der See den Status als Schutzgebiet nach der Fauna-Flora-Habitat-Richtlinie (FFH).

Der Stangengraben verbindet den Schweriner mit dem Heidensee. Der etwa 2000 km² große Ostdorfer See im Süden teilt sich durch einen Verkehrsdamm in Oberen und Unteren See. Auch der Ziegelsee, ein eiszeitlicher Rinnensee, wird durch eine Straße zweigeteilt, wobei eine Brücke Innensee (0,52 km²) und Außensee (2,5 km²) für den Bootsverkehr öffnet. Das Ufer des Ziegelinnensees ist eher städtisch geprägt. Der Binnenhafen verlor 1990 seine Bedeutung als Ort des Güterumschlags. Aus einem alten Speicher

Die Uferzonen des Schweriner Innensees erstrecken sich vom ländlich geprägten Stadtteil Mueß im Südosten über die Innenstadt und die naturnahen Bereiche des Schelfwerder und des Wickendorfer Moors bis zum Paulsdamm im Norden. Bunte Bootshäuser säumen stellenweise das Ufer.

wurde ein Hotel, inzwischen entsteht am Ostufer des Ziegelinnensees ein neues Stadtgebiet. Der Ziegelaußensee hingegen hat mit seinen naturnahen Uferbereichen große Bedeutung für den Arten- und Biotopschutz. An vielen Uferabschnitten ist der Fischotter beheimatet. Auch am Medeweger See hat er noch ein Revier. Dieses lang gestreckte Gewässer liegt in einer subglazialen Schmelzwasserrinne und ist von einem dichten Röhrichtgürtel umschlossen. Mehr als 60 Vogelarten brüten am Ufer des Sees, darunter der Teichrohrsänger, die Rohrammer, der Haubentaucher, viele Entenarten sowie die Rohrweihe. Er ist dazu Lebensraum für 169 Schmetterlings- und 19 Libellenarten, sowie für Amphibien wie Knoblauchkröte, Moorfrosch und Kammmolch.

Der Schweriner See und seine Inseln

Geomorphologisch ist der Schweriner See ein eiszeitlicher Zungenbeckensee. Von kleineren Seen umgeben, liegt er westlich und südlich der Nordsee-Ostsee-Wasserscheide. Mit 21 km Länge und bis zu 6 km Breite ist er der drittgrößte See Deutschlands. Nach Süden hin entwässert er durch Stör und Störkanal über Elde und Elbe in die Nordsee, im Norden verbindet ihn der Wallensteingraben mit der Ostsee vor Wismar. Ausflugsschiffe schippern vom Schweriner Innen- über den Heiden- und Ziegelsee zum Schweriner Außensee, der 1842 durch den Paulsdamm vom Innensee abgetrennt wurde. Segel- und Paddelboote tüpfeln die Wasserfläche dieses beliebten Wassersportreviers. Auch Rudern hat in Schwerin eine lange Tradition. 1913 baute sich der Ruderbootverein ein Haus direkt am Ufer des Schweriner Sees. Doch nicht nur der Mensch, auch zahlreiche Vogelarten, darunter See- und Fischadler, fühlen sich dort wohl. Infolgedessen wurde der Schweriner See auch im Rahmen des europäischen Schutzgebietsnetzes Natura 2000 zum europäischen Vogelschutzgebiet erklärt.

Nur etwa 3 km vom Schweriner Schloss entfernt liegt im Schweriner Innensee die etwa 33 ha große Insel Kaninchenwerder. Vergeblich hatte man hier um 1400 versucht, Kaninchen anzusiedeln. Nur der Name blieb, die Insel aber wurde von 1751 bis 1830 Standort von Ziegeleien. Mitte des 19. Jh. gestaltete der Hofgärtner Theodor Klett das Eiland zu einem Landschaftspark um. Vorbild war die früher ebenfalls Kaninchenwerder genannte Berliner Pfaueninsel. Mit dem 1895 errichteten Aussichtsturm ist die Insel auch heute noch ein beliebtes Ausflugsziel. Auch dem Fischotter und 70 Brutvogelarten gefällt es hier, darunter Seeadler und Rotmilan. Bereits 1935 unter Naturschutz gestellt, gehört das Gebiet Kaninchenwerder und Großer Stein zu den ältesten Naturschutzgebieten Deutschlands.

Etwa einen Kilometer weiter südöstlich liegt die Insel Ziegenwerder, ebenfalls ein Naturschutzgebiet. Von 1590 bis 1941 befand sich am Nord-, später am Südostende eine Ziegelei. Der Abbau von Ton und die Kalkgewinnung hinterließen die Insel nahezu baumlos. Nach dem Zweiten Weltkrieg wurde sie ausschließlich landwirtschaftlich genutzt, heute dient noch der Nordteil als Schafweide und für den Erwerbsobstanbau. Auf dem ehemaligen Tonabbaugelände im Süden wachsen Weißdorn, Haselnuss und Holunder. Floristische Attraktion ist die „Märchenwiese" im Zentrum der Insel. Auf einer Feuchtwiese im Osten blühen seltene Orchideen wie Steifblätteriges Knabenkraut, Großes Zweiblatt und Gewöhnliche Natternzunge.

Auch auf der Halbinsel Reppin am Südufer des Schweriner Innensees wurde einst Ton abgebaut. Friedrich Liesch, der Nestor der mecklenburgischen Altertumskunde, behauptete, dass der Reppin bereits in heidnischer Zeit von den Slawen besiedelt war. So leitet sich der Name der Insel auch aus dem Slawischen ab und bedeutet so viel wie „Rübenland", woraus man auf eine frühe landwirtschaftliche Nutzung schließt. Davon unberührt blieb der etwa 4 ha große Buchenwald, dem einzelne 250 Jahre alte Eichen ein romantisches Aussehen geben. Hier leben Schwarzspecht, Schellente und Wasserfledermaus. Auch der Mittelspecht, aus modernen Wirtschaftswäldern längst verschwunden, findet in den alten Bäumen Nistmöglichkeiten. Ausreichend Totholz bietet dem seltenen Juchtenkäfer Unterschlupf. Schon 1907 wurde auf der Halbinsel ein Aussichtsturm errichtet und unter dem Motto „eine unvollendete Burg für ein unvollendetes Leben" dem früh verstorbenen Sohn des mecklenburgischen Großherzogs Franz II. gewidmet. Der Turm mit schöner Aussicht auf See und Stadt und auch die Badestelle locken noch heute viele Besucher an.

Wettkampf im Zeichen des Drachens

Auf dem Schweriner Pfaffenteich und auf dem Faulen See liefern sich jedes Jahr im August prächtig geschmückte drachenförmige Boote spannende Rennen. Dabei sieht es nicht selten so aus, als würden die Paddler – ungewollt – gegen die Kameraden im eigenen Boot kämpfen. Das Drachenbootfestival am Pfaffenteich in Schwerin gehört zu den traditionsreichsten und größten Drachenbootveranstaltungen Europas. Jahr für Jahr liefern sich Schüler-, Open-, Mixed- und Damenteams spannende Drachenkopf-an-Drachenkopf-Rennen. Weit mehr als 100 Teams nehmen an diesem, von einigen Tausenden Besuchern verfolgten Spektakel in der Innenstadt Schwerins teil. Das erste Rennen im Zeichen des Drachen wurde in Deutschland 1987 in Duisburg ausgetragen. Seitdem hat diese ursprünglich chinesische Wettkampfsportart immer mehr Anhänger gefunden.

Freilichtmuseum Schwerin-Mueß

Mecklenburgisches Dorfleben wie anno dazumal

Am Südufer des Schweriner Sees inszeniert ein Dorf mit Bauernhaus, Scheunen, Büdnerei, Bienenschauer, Schule und Kräutergarten eine Idylle aus vergangenen Zeiten. Etwa 3,3 ha groß ist der Teil des historischen Dorfkerns an der Mueßer Bucht, der über viele Jahre zum Freilichtmuseum restauriert wurde. Es begann 1965 mit der Sanierung der Hufe I. In dem kurz nach dem Dreißigjährigen Krieg erbauten niederdeutschen Bauernhaus fanden einst Mensch, Vieh und ein Teil der Ernte unter einem einzigen Dach Platz.

1970 konnte mit dem nun wieder mit originalgetreuen Möbeln und Hausrat eingerichteten Gebäude der Museumshof eröffnet werden. Seit 1976 ergänzt ein liebevoll gepflegter Kräutergarten mit 60 Gewürz-, Heil- und Nutzpflanzen die Reise in die dörfliche Vergangenheit.

Die Wurzeln des Museums

Die Geschichte der umfangreichen Sammlung begann schon im Jahr 1912. Damals kaufte der Direktor des Mecklenburgisch-Schwerinischen Landesmuseums die 3000 Exponate umfas-

Die Dorfschmiede aus dem Jahr 1736 gelangte 1975 von Stove bei Gadebusch nach Schwerin-Mueß.

sende Sammlung des Warener Gymnasialprofessors und Volkskundlers Richard Wossidlo (1859–1939) auf. Mecklenburgs großer Sprachforscher leistete für seine Region einst in etwa das, was die Gebrüder Grimm fürs Hochdeutsche taten. Außerdem sammelte er zahlreiche Dinge, die einen Eindruck von der mecklenburgischen Volkskultur vermitteln. So fanden sowohl kunsthandwerklich Bedeutsames als auch alltägliche Gegenstände wie Kuhglocken, Fuchsfallen, Puppen oder Haubenschachteln in seiner Sammlung Platz. Zu den Raritäten gehört die Ivenacker Lade, eine kleine Truhe, die vermutlich aus einer der 1000-jährigen Ivenacker Eichen gefertigt wurde. Heute gibt das Freilichtmuseum Schwerin-Mueß einen Einblick in die Arbeits- und Lebenswelt eines mecklenburgischen Dorfes vom 18. bis zum 20. Jh. Das Schulhaus birgt noch ein original eingerichtetes Klassenzimmer aus der Zeit um 1880. In der Schulscheune wird eine Ausstellung zum Thema „Vom Flachs zum Leinen" gezeigt. Der Binnenfischerei ist eine Ausstellung im Wohnteil des Hallenhauses der Hufe IV gewidmet, und in der um 1700 errichteten Scheune werden landwirtschaftliche Geräte gezeigt.

Im lehmummantelten Ziegelsteinbackofen, in dem einst auch Obst gedörrt wurde, werden noch heute zu besonderen Anlässen bis zu 40 Brote auf einmal gebacken.

Hintergrundbild: Traditionelle dörfliche Gebäude aus zwei Jahrhunderten wurden im Freilichtmuseum vereint.

Freilichtmuseum Schwerin-Mueß | 47

Sternberger Seenland – Hügel, Seen und eine Slawenburg

Viel Wald und zahlreiche Seen bestimmen in anmutigem Wirrwarr das Landschaftsbild im Sternberger Seenland. Sandige Feldwege, einstige Post- und Handelswege, durchziehen die Fluren, die gesäumt sind von alten Bäumen und blühenden Hecken. Dazwischen eingestreut sind beschauliche Guts- und Bauerndörfer.

Ein Nebeneinander zahlreicher Seen, Durchbruchstäler und Endmoränen hinterließ die jüngste Eiszeit in dem Gebiet zwischen Crivitz, Sternberg, Güstrow und Neukloster südlich des Schweriner Sees. Der Große Sternberger See, der Große Wariner See und der Groß Labenzer See sind die größten Seen dieses Landstrichs. Rund 540 km² dieser reizvollen Gegend wurden im Jahr 2004 zum Naturpark Sternberger Seenland ernannt. Der glasklare Obere See, der Wustrower See und der kleine Bürgermeistersee südwestlich von Sternberg entstanden aus einem Gletschersee. Die Eisrandlage des Frühpommerschen Eisvorstoßes ist am Homberg, der mit 96,7 Höhenmetern höchsten Erhebung am Rand des Naturparks, den Kritzower Bergen und den Hügeln bei Jülchendorf deutlich zu erkennen. Zwischen den Endmoränen liegen Becken mit Seen, Sander- und Grundmoränenflächen. Überall blinken kleine Wasserlöcher, die Sölle. Eine landschaftliche Besonderheit des Sternberger Seenlandes stellt die Binnensalzwiese von Sülten dar. Es ist die größte und älteste Binnensalzdüne Mecklenburg-Vorpommerns. Das salzhaltige Wasser, das hier aus einem Quellmoor tritt, hat einen Salzgehalt von etwa 13,6 g pro Liter.

Spuren früher Besiedlung findet man in diesem Gebiet reichlich. So gilt der Boitiner Steintanz als deutsches Stonehenge. Dieser wohl bedeutendste Steinkreis Deutschlands mitten im Buchenwald zwischen Boitin und Tarnow wurde in grauer Vorzeit aus riesigen Findlingen zu vier Kreisen angeordnet. Der Legende nach ist es eine versteinerte Hochzeitsgesellschaft. Die megalithische Anlage entstand vor etwa 3000 Jahren und gibt noch immer Rätsel auf. Mysteriös erscheint auch der sogenannte Sternberger Kuchen. Er besteht aus den Überresten von fossilen Meereslebewesen und ist schon über 24 Mio. Jahre alt. Diese urzeitliche Hinterlassen-

Der Boitiner Steintanz im Wald nahe beim gleichnamigen Dorf umfasst 30 in Kreisform aufgestellte und bearbeitete Findlinge. Vermutlich handelt es sich bei der Anlage um eine Art Kalender aus dem 12. Jh. v. Chr. – ein „kleiner Bruder" von Stonehenge.

schaft aus Sand, Haifischzähnen, Krebsscheren, Muscheln, Knochenresten von Reptilien und Säugetieren ist der Star des Sternberger Heimatmuseums. Man kann in den 14 Ausstellungsräumen des 1747 erbauten und somit ältesten Bürgerhauses Sternbergs eine Menge über dieses alte Ackerbürgerstädtchen am rund 3 km² großen Sternberger See erfahren. Eine Blütezeit erlebte die Siedlung zu Beginn des 14.Jh., als Fürst Heinrich II. (der Löwe) von Mecklenburg hier residierte. Das mittelalterliche Straßennetz und Reste der alten Wallmauer sind bis heute erhalten. Heiter wirken die zahlreichen Fachwerkhäuser aus der Zeit nach dem großen Stadtbrand von 1741. Sie schmücken sich mit dem „Sternberger Band", einem gut 30 cm breiten, mit Rauten gemusterten Zierbrett zwischen dem Erdgeschoss und dem ersten Stockwerk.

Weithin sichtbar dominiert der gewaltige Turm der Stadtkirche St. Maria und St. Nikolaus das Weichbild. An dunkle Tage im Jahr 1492 erinnert ein Reliefbild in der spätgotischen Heiligen-Blut-Kapelle der Stadtkirche, in dem 27 Juden der Hostienschändung bezichtigt und ermordet wurden. Alle Juden wurden danach aus dem Land vertrieben, der Hostie aber Wunder angedichtet, sodass Sternberg bald Wallfahrer aus ganz Europa anzog. Um dem Ansturm der Menschenmengen Herr zu werden, holte Herzog Magnus Augustinermönche in die Stadt. 1524 lobte Luther den Prior des Sternberger Klosters: „Ich freue mich, dass Ihr dem bei Euch herrschenden Aberglauben das Maul gestopft und Eurem gottlosen Erwerb abgetan habt." 1896 verewigte der Maler und Berliner Kunstprofessor Fritz Greve in der Turmhalle der Stadtkirche den Landtag von 1549 in Sternberg, auf dem beschlossen wurde, die Reformation in ganz Mecklenburg einzuführen.

Beschauliche Dörfchen inmitten ausgedehnter Felder und Weiden, durchsetzt von Buchenhainen und Baumgruppen, sind typisch für das Sternberger Seenland (ganz oben).

Repräsentativ gibt sich das 1845 erbaute Sternberger Rathaus unweit der Stadtkirche. Die verputzte Fassade ist im historisierenden Tudorstil gestaltet (oben).

Sternberger Seenland – Hügel, Seen und eine Slawenburg

Der Große Wariner See ist fast völlig von Schilfröhricht umgeben, an das sich stellenweise breite Seerosenteppiche anschließen. Nur am südlichen Ende, im Strandbad von Warin, hat man bequemen Zugang zum See (oben rechts).

Kloster Sonnenkamp am Neukloster See wurde im 13. Jh. als Nonnenkloster gegründet. Zu der Anlage mit der aus Backsteinen erbauten Klosterkirche gehört ein ausgedehnter Klostergarten, der seit einigen Jahren wieder zu Rundgängen einlädt (oben).

Geschichtsträchtige Landstädtchen in grüner Umgebung

Im 19. Jh. befand sich in Warin die größte Holzpantoffelfabrik Mecklenburgs. Dennoch blieb das Landstädtchen zwischen dem Glammsee und dem Großen Wariner See ein armes Städtchen, durch das man noch bis in die 1950er-Jahre die Kühe zur Weide trieb. Hoch hinaus brachte es hier nur die steil aufstrebende Turmspitze der 1874–78 nach Plänen des Baurats Krüger als Kreuzkirche erbauten neugotischen Stiftskirche. Bedeutung hatte Warin von 1833 bis 1926 als Sitz des Amtes Warin, Neukloster, Sternberg und Tempzin. Sogar das 1803 von den Schweden an Mecklenburg zurückgegebene Wismar wurde zeitweise von hier aus verwaltet. Heute ist Warin kleinstädtisches Zentrum des Naturparks Sternberger Seenland. Im Rathaus am Markt informiert die Naturparkverwaltung über die gewässerreiche Umgebung. Es heißt, Wariner könnten zwei Wochen lang täglich in einem anderen See baden, ohne mehr als 5 km zurückzulegen. Die Schweriner Bischöfe ließen sich im 13. Jh. am Nordufer des 66 ha großen Glammsees nieder, der durch den Mühlbach mit dem Wariner See verbunden ist. Der 251 ha große Wariner See selbst ist Austragungsort eines alljährlich ausgetragenen Langstreckenschwimmens der DLRG Warin.

Der Tönnisbach verbindet den Glammsee mit dem Tempziner See. Dieser 168 ha große See ist ein beliebtes Angler- und Wasserwandererziel und darf nur mit Paddel- oder Ruderbooten befahren werden. Weithin sichtbar überragt die ehemalige Tempziner Antoniter-Hospital-Klosteranlage das Ufer. Schon 1222 hatte inmitten der sanfthügeligen Landschaft Heinrich Borwin I., Fürst zu Mecklenburg, ein Kloster gegründet. Anfang des 15. Jh. entstand die spätgotische Klosterkirche mit mächtigem Westgiebel und zierlichem Glockenturm. Eine Inschrift über dem Ostportals des ehemaligen Warmhauses weist das Jahr 1496 als Baubeginn des einstigen Hospitals aus. Heute empfängt es als Haus der Gastfreundschaft wieder Pilger und Einkehrer.

Ebenso wie der Tempziner ist auch der etwa 5 km weiter nordöstlich gelegene Groß Labenzer See ein beliebtes Badegewässer. Den etwa 10 m tiefen Klarwassersee teilt eine Halbinsel in den nördlichen Labenzer Seeteil, den Schwarzen See, und in das deutlich flachere Südbecken, den Weißen See. Wanderwege führen am buchtenreichen, waldigen Ufer entlang.

Nahe der mittleren Warnow liegt das alte Ackerbürgerstädtchen Brüel. Sein Name leitet sich vom althochdeutschen *Bruil* oder *Broil* ab, was so viel bedeutet wie „feuchter Wiesengrund". Das Rathaus von 1872 und denkmalgeschützte Wohnhäuser verleihen dem Städtchen Charme. Die ältesten Teile der Stadtkirche stammen aus dem 13. Jh. Berühmte Söhne der Stadt sind der Archäologe und Kunsthistoriker Friedrich Schlie (1839–1902), ein Freund und Förderer des berühmten Archäologen Heinrich Schliemann und von Carl Hinstorff (1811–1882), dem Gründer und Verleger des gleichnamigen Verlags.

Im 13. Jh. trieben gleich zwei Klöster, beide gegründet von Heinrich Borwin I., die Entwicklung des Sternberger Seenlands voran.

Auch Neukloster ist ein stilles Landstädtchen. Es liegt am schönen, hufeisenförmigen Neuklostersee, einem rund 2,7 km langen Rinnensee. 1219 gründete hier Fürst Heinrich Borwin das erste Frauenkloster Mecklenburgs. Die ehemalige Klosterkirche St. Maria und St. Johannis, 1236 geweiht, gilt heute als älteste noch erhaltene spätromanische Basilika der mecklenburgisch-vorpommerschen Küstenregion. Gleich hinter dem Kloster beginnt ein Wanderweg durch das Klaasbachtal, das vor etwa 12 000 Jahren als Schmelzwasserabfluss entstand. Buchen und Eichen wachsen an den steilen, stellenweise bis zu 20 m hohen Hängen am Rand des rauschenden Bachs.

„Wo die Fluten der Warnow das liebliche und nahrhafte Land der Obotriten, Welataben und Wagrier durchströmen, liegt im Arm der Nixe des

Brüel liegt, umgeben vom Roten See, dem Keezer See, dem Tempziner See und dem Groß Labenzer See, im nördlichen Bereich der Sternberger Seenlandschaft. Das Rathaus wurde 1878 in repräsentativer Backsteinarchitektur erbaut.

Sternberger Seenland – Hügel, Seen und eine Slawenburg | 51

Eine hölzerne Fußgängerbrücke führt bei Groß Görnow über die Warnow, ein bevorzugtes Revier von Kanuwanderern.

Märchenhaft wirkt das von Efeu umrankte, um 1870 erbaute Schloss Kaarz, das östlich von Schwerin auf einer Anhöhe inmitten eines englischen Landschaftsparks liegt und heute Feriengäste beherbergt.

Flusses die Stadt Bützow", beschrieb einst Wilhelm Raabe in seiner Erzählung *Die Gänse von Bützow* die Lage der Stadt, die auf einer von Wasser und Sümpfen umgebenen Halbinsel entstand. Von der mittelalterlichen Burganlage hat sich am Schlossplatz noch das zweigeschossige Krumme Haus erhalten, in dem 1772 die erste öffentliche Bibliothek eröffnet wurde. Auf dem Marktplatz thront palaisartig das neogotische Rathaus. Viele Besucher finden vom Wasser her Zugang zur Stadt, denn am Bützower See, einem von der Warnow durchflossenen flachen Gewässer, gibt es einen Wasserwanderrastplatz. Der im Verlanden begriffene See ist, da er durchschnittlich nur einen Meter tief ist, zum Baden wenig geeignet, aber Hecht, Barsch, Karpfen und Aal fühlen sich darin sehr wohl.

Naturexkursion an der Warnow

Die Durchbruchstäler der Warnow, der Mildenitz und der Nebel gehören zu den reizvollsten Landschaften Mecklenburgs. Der Warnowdurchbruch wurde vor ca. 17 000 Jahren von einem Schmelzwasserstrom der ausklingenden Weichsel-Eiszeit tief ausgegraben. Später wurde das Tal von der Warnow selbst noch erweitert. Über 128 km schlängelt sich der nördlich von Parchim entspringende Fluss durch das mittlere Mecklenburg. Bei Groß Görnow nimmt die Warnow die Mildenitz auf. Findlinge und umgestürzte Bäume geben dieser Landschaft wildromantisches Flair. Wo einst eine slawische Höhenburg lag, entfalten Winterlinde, Bergulme und Rotbuche vollendete Naturpoesie. Bis zu 30 m hoch steigen die Endmoränenhänge hier auf. In engen Talabschnitten rauscht die Warnow kaskadenartig herab, dann wieder fließt sie sanft durch weite Talgründe. Hier baut der Biber noch seine Burgen, auch Fischotter, Seeadler, Kranich, Schwarzspecht, Gebirgsstelze und Wasseramsel fühlen sich in dieser bereits 1965 unter Naturschutz gestellten

Landschaft wohl. Vom Parkplatz bei Groß Görnow führt ein etwa 8 km langer Wanderweg durch das Gebiet. Abenteuerlicher ist eine Erkundung dieser Landschaft mit dem Kajak oder einem Kanu.

Einer der schönsten Ausgangspunkte für eine Wanderung durch das Warnowtal ist die fantasievoll an französische Schlossbaukunst erinnernde Herrenhausanlage von Kaarz. 1873 wurde sie für die Familie des Hamburger Kaufmanns und Reeders Julius Hüniken im Stil des Neoklassizismus erbaut. Den Marstall von 1907 schreibt man dem Rostocker Baumeister und Architekten Paul Korff zu, der auch andere bekannte Schlösser und Gutshäuser in Mecklenburg-Vorpommern schuf. Nach Plänen des Gartenarchitekten Carl Ansorge entstand 1873 auf 70 000 m² ein großzügig angelegter Park mit seltenen Bäumen. Neben einigen über 500 Jahre alten Eichen wachsen exotische Tulpenbäume, Mammutbäume, Douglasien und Zypressen. Aber auch andere, zum Teil als Naturdenkmal geschützte Bäume sind im Park zu bewundern. Als Arboretum angelegt, wurde die Anlage Anfang des 20. Jh. im Jahrbuch der Königlich dendrologischen Gesellschaft als besondere Kostbarkeit der Parkarchitektur beschrieben. Im vorderen Teil des Parks steht eine Kapelle, über deren Tür das Wappen der von Bülow, den früheren Lehnträgern von Kaarz, angebracht ist. Vom Turm des Schlosses, in dem man heute Ferienwohnungen mieten kann, hat man den schönsten Weitblick über Park und Landschaft. Durch das von Waldseen, Söllen und Mooren geprägte Mittlere Warnowtal führt ein fast 7 km langer Wanderweg entlang an Altarmen der Warnow, durch Bruchwald bis zum Durchbruchstal. In Alt Necheln lädt das alte Gutshaus zu Kaffee und Kuchen ein. In der Naturschutzstation „Haus Biber & Co.", eine Koordinierungsstelle des NABU für den Biberschutz im Einzugsbereich der Mittleren Warnow, kann man sogar eine künstliche Biberburg begehen.

Unter ehemaligem Gletschereis ablaufende Erosionsvorgänge haben an der Entstehung des Radebachtals mitgewirkt. Großstein- und Hügelgräber verraten eine steinzeitliche Besiedlung. Mit seinen ausgedehnten Buchenwäldern und geschützten Biotopen ist das Radebachtal prägend für das 1075 ha große Fauna-Flora-Habitatgebiet Wariner Seenlandschaft. Der rund 9 km lange Radebach, in dem Bachforelle und Bachneunauge vorkommen, entspringt dem Groß Labenzer See. Er entwässert ein etwa 64,7 km² großes Einzugsgebiet über den Brüeler Bach in die Warnow. In der Nähe des Ortes Blankenberg beginnt der Lehrpfad durch das Radebachtal.

Anspruchsvoll und rar – die Bachmuschel

Die unscheinbare Bachmuschel ist ein anspruchsvoller Wasserbewohner. Sie bevorzugt saubere Fließgewässer mit hohem Sauerstoffgehalt und abwechslungsreichen Ufern. Ihre eiförmige dunkle Schale erreicht eine Größe von bis zu 7 cm. Sie kann 30 Jahre alt werden und ernährt sich von Plankton und feinsten Schwebeteilchen, die sie aus dem Wasser filtriert. Einst war sie über fast ganz Europa verbreitet, inzwischen ist teilweise ein Bestandsrückgang von über 90% zu verzeichnen. In den 23 besiedelten Fließgewässern Mecklenburg-Vorpommerns sind nur noch wenige Populationen vermehrungsfähig. Lediglich in der Warnow, der Göwe, dem Teppnitzbach und der Bresenitz im Naturpark Sternberger Seenland kann man hohe Populationsdichten und einen gesunden Vermehrungsprozess beobachten.

Archäologisches Freilichtmuseum Groß Raden

Eine altslawische Siedlung – der Erde „entrissen"

Als Professor Ewald Schuldt 1973 mit seinen archäologischen Untersuchungen am Sternberger See begann, übertrafen die Entdeckungen bald alles bisher in Mecklenburg Bekannte. Die Freilegung des Grundrisses eines Kultgebäudes auf einer Halbinsel im Sternberger See, etwa 1 km nordöstlich des heutigen Dorfes Groß Raden, gehörte zu den Sensationen seiner Grabungen. Rund die Hälfte der ehemaligen Siedlungsfläche und der Befestigung eines alten slawischen Tempelortes wurde freigelegt. In Resten kamen Tempel, Bohlenweg, Flechtwand- und Blockhäuser und Ringwall ans Tageslicht. Brandreste und unterschiedliche Hauskonstruktionen – ältere Flechtwandbauten und jüngere Blockbauhäuser – wiesen auf zwei aufeinander folgende Siedlungsphasen hin. Im 9. Jh. brannte die erste Siedlung nieder. Die zweite Siedlung wurde wenige Jahrzehnte später errichtet, gegen Ende des Jahrhunderts jedoch aus unbekannter Ursache von seinen Bewohnern verlassen.

Originalgetreue Rekonstruktion

Ab 1987 wurde die altslawische Siedlung im Maßstab 1:1 rekonstruiert. So auch der 10 m hohe Burgwall mit einem Innendurchmesser von 25 m. Er liegt auf einer Landzunge, die einst eine Insel war und die eine Brücke mit der auf einer viel kleineren Halbinsel gelegenen Siedlung verband. Heute simuliert ein Graben die einstige Insellage. 2009 wurde auch das originalgetreu nachgebaute Tunneltor eingeweiht. Im Zentrum des Dorfes steht der Tempel, der von stilisierten Götterbildern umgeben ist. Groß Raden war das religiöse Zentrum der Warnower, eines Stammes der Obotriten, die Westmecklenburg und Ostholstein besiedelten. In den Hütten des Freilichtmuseums Groß Raden werden alte handwerkliche Techniken präsentiert. Wo man eine Handdrehmühle fand, steht heute beispielsweise ein Mahlhaus. Archäologen fanden einen Einbaum, hölzerne Schalen, geschnitzte Löffel, knöcherne Kämme, Schuhe und Tongefäße. Insgesamt etwa 100 000 Fundstücke nennt das Museum sein eigen.

Mit rekonstruierten Zeugnissen früher slawischer Besiedlung, wie Backofen (oben), Tempel (Hintergrund) und Torturm (rechts) lockt das Archäologische Freilichtmuseum jährlich Tausende Besucher an.

Krakower Seenlandschaft und Güstrower Inselsee

Die liebliche Hügellandschaft im Westen der Mecklenburgischen Seenplatte birgt eine Vielzahl großer und kleiner Seen. Allein in der Umgebung von Krakow befinden sich rund 15. Der Krakower See und der Güstrower Inselsee zählen mit ihren romantischen Buchten und Inseln zu den schönsten Gewässern der Region.

Nur Fischer dürfen mit ihren Booten in das Naturschutzgebiet Krakower Obersee fahren. Röhrichtzonen säumen die Ufer des Gewässers.

Die Landschaft rund um das heutige Krakow entstand im Verlauf der Weichsel-Eiszeit. Die sich zurückziehenden Eismassen formten ganze Staffeln von Endmoränen; die jüngste verläuft nördlich des Krakower Sees. Die teilweise bewaldeten Höhen werden zwischen Serrahn und Kuchelmiß von der Nebel durchbrochen. Weiter südlich lagerten sich ältere Endmoränen ab, wie der heutige Buchenberg. Das nach Südwesten unter dem Eispanzer abfließende Schmelzwasser hinterließ langgestreckte Rinnenseen. Der runde, 55 ha große Bossower See entstand aus einem verschütteten Toteisblock. Die Wassermassen der in die Warnow fließenden Nebel, einer der saubersten und artenreichsten Flüsse Mecklenburgs, durchströmen den buchtenreichen Krakower See, der seit 1844 durch einen beim Straßenbau entstandenen Damm in den 798 ha großen Obersee und den etwas kleineren Untersee geteilt wird. Von der Beobachtungskanzel an der Glaver Koppel hat man einen guten Ausblick auf den Obersee, der zum Naturpark Nossentiner-Schwinzer Heide gehört. Er ist ein Paradies für über 80 Brutvogelarten. Zudem nutzen an die 100 weitere gefiederte Arten die Wasser-, Wald-, Wiesen- und Moorflächen des 1189 ha großen Feuchtgebiets zeitweilig als Schlaf- und Rastplatz. Der Krakower See, der fünftgrößte See der Mecklenburgischen Seenplatte, gilt zudem als der größte Mauserplatz der Reiherente im nördlichen Mitteleuropa. Viele Fluss- und Seeschwalben sowie Lachmöwen finden ideale Bedingungen. Acht kleine Inseln ragen aus dem Wasser des Obersees hervor. Auf dem Großen Werder beugen grasende Rinder, Schafe und Ziegen durch Verbiss der Verwaldung vor und bewahren so zahlreichen Bodenbrütern ein für sie geeignetes Terrain. Die große Zahl der Brut- und Mauservögel ergänzt auch den Speiseplan von See- und Fischadler. Der Große Werder ist die einzige unbewaldete Insel. Auf Linden-, Laub- und Rauwerder gedeiht hingegen ein prächtiger Naturwald aus Rotbuche, Bergulme, Bergahorn, Stileiche, Esche und Linden. Steinwerder, Süfs, Hardenort und Rauchstelle sind mit Weiden, Erlen und Espen bestanden. Im Frühling breiten sich auf dem Waldboden blühende Buschwindröschen, Leberblümchen, Schuppenwurz und Lerchensporn aus.

Vor rund 800 Jahren entstand Krakow in der Nähe einer slawischen Burg am Untersee, an die der Name „Kraca" erinnert, der „Raben- oder Dohlenort" bedeutet. Im Mittelalter war der Ort Zentrum des Fürstentums Werle-Güstrow. Heute ist es ein freundliches Landstädtchen mit denkmalgeschütztem Marktplatz und barock überformter Kirche. Über die Uferpromenade

Vom Aussichtsturm auf dem Jörnberg hat man einen eindrucksvollen Rundblick über die Stadt und die Seen um den Luftkurort Krakow.

Der Krakower See mit seinen versteckten Buchten und dicht bewachsenen Inseln ist ein Paradies für viele Vogelarten.

Krakower Seenlandschaft und Güstrower Inselsee | 57

Die malerischen Bootshäuser am Güstrower Inselsee sind inzwischen als fester Sommersitz und als Ferienwohnungen begehrt.

flanieren Spaziergänger zum Fischerhüden, einem denkmalgeschützten Fischereigebäude von 1936, das ein Restaurant beherbergt. Der Untersee ist ein beliebtes Angelrevier. Mit einer maximalen Tiefe von 28,30 m wird er den Ansprüchen vieler verschiedener Fischarten gerecht. Barsch, Hecht und Zander fühlen sich hier wohl. Auch mit dem Fahrgastschiff oder Kanu lässt sich der Krakower Untersee erkunden. Die Blaue Flagge an der historischen Badeanstalt von 1938 signalisiert beste Wasserqualität.

Der Güstrower Inselsee

Schon seit Generationen ist der Westteil des Güstrower Inselsees beliebte Sommerfrische und Ausflugsziel. Als 1914 das Kurhotel *Waldhaus* erbaut wurde, erlebte der See bald einen großen Zustrom von Besuchern. Über tausend Bewohner und Gäste der damaligen Garnisonsstadt tanzten zu den Klängen von Militärkapellen im Schatten der großen Buchen und Eichen. Prominentester Besucher des Hauses soll später der Dramatiker und Bildhauer Ernst Barlach gewesen sein, dessen Atelierhaus etwa 300 m vom Kurhaus entfernt liegt. Über den heutigen Barlach-Wanderweg kommen noch heute Gäste in das traditionsreiche Restaurant mit Blick auf den See.

Auch der Badestrand zwischen dem heutigen Kurhaus am Inselsee und dem Barlachhaus ist im Sommer gut besucht. Der Fernradweg Berlin-Kopenhagen führt direkt an der Badestelle vorbei. Mit einem elektrobetriebenen Kutter, mit Segel- oder Ruderboot kann man den See erkunden. In besonders kalten Wintern gleiten Eissegler über das 4,58 km² große, südlich von Güstrow gelegene Gewässer. Der Schriftsteller Uwe Johnson, der 1957 sein Abitur in Güstrow ablegte, wünschte sich später „dieses Bildes gewärtig zu sein […] in der Stunde meines Abscheidens". 1982, nach einem Besuch seiner Heimatstadt, schrieb er: „Die Wahrheit zu sagen, war ich ja auch bloß gekommen wegen des Ausblicks vom Kamm des Heidbergs, wo ein Abhang sich öffnet, Güstrower Kindern wohlbekannt als Schlittenbahn, auch dem Auge freien Weg öffnend über die Insel im See und das hinter dem Wasser sanft ansteigende Land, besetzt mit sparsamen Kulissen aus Bäumen und Dächern."

Der Inselsee liegt in einem Becken, das in einer Radialspalte des im Pommerschen Stadium dort zum Stillstand gekommenen Gletschers entstanden ist. Zeichen früher slawischer Besiedlung ist der Bölkower Burgwall am südwestlichen Ufer. Seinen Namen verdankt der See der ca. 1,5 km langen und 750 m breiten Schöninsel, die mit einer 200 m langen, modernen Holzbrücke mit dem Festland verbunden ist. Schon der Generalissimus Wallenstein, der 1628/29 Güstrow zur Hauptstadt des ganzen Landes erhob, soll diese Insel mit einer Fasanerie geadelt haben. Heute lädt ein Rundwanderweg zu Spaziergängen ein. Vom Schlossberg aus kann man einen Teil des Inselsees überblicken. Der See und die angrenzenden Grünflächen – vor allem das 360 ha große Naturschutzgebiet Gutower Moor und Schöninsel im südwestlichen Bereich des Sees – dienen vielen Wasservögeln als Rast- und Nahrungsplatz. Nordische Gänse, Tauchenten und Sänger lassen sich hier nieder. Zur Brutzeit kommen Bart- und Beutelmeise, Bekassine, Schlagschwirl, Schwarzmilan und Rohrdommel. Der See ernährt Fischadler, Rotmilan und Kormoran. Die Zonen unter 14 m sind vegetationsfrei. Darüber liegen Großlaichkraut-Tauchflure mit Spiegelndem Laichkraut, Kanadischer Wasserpest und Armleuchteralgen-Grundrasen. Allerdings bedrohen hohe Nährstoffeinträge inzwischen diese Wiesen aus Wasserpflanzen.

Zur Brutzeit hört man im südwestlichen Bereich des Güstrower Inselsees mitunter den dumpfen Ruf der seltenen und daher streng geschützten Rohrdommel (oben).

Am dicht mit Schilf und Buschwerk bewachsenen Ufer findet sie Schutz und Nahrung (links).

Krakower Seenlandschaft und Güstrower Inselsee | 59

Pferdeparadies Gut Gantschow

Mecklenburg-Vorpommern ist Pferdeland. Mehr als 2500 Züchter und mehr als 10 000 Pferdefreunde befassen sich hier mit über 32 000 Warm- und Kaltblütern. 1969 entstand das 8 km von Güstrow entfernte Gestüt Gantschow. 1995 privatisiert, ist es heute das größte Privatgestüt des Landes. In der Pferdezuchtanlage leben rund 300 Warmblüter. Dabei bilden 30 Trakehner Zuchtstuten, die für Härte und Ausdauer berühmt sind, ebenso die Grundlage für den Fortbestand ihrer aus Ostpreußen stammenden Rasse wie die etwa 50 Mecklenburger Zuchtstuten. Jährlich werden über 70 Fohlen geboren, die auf weiten Koppeln und in hellen, luftigen Offenställen aufwachsen. Auf dem traditionellen Paradeplatz des Gestüts finden jedes Jahr im Juli die Stutenparaden statt. Höhepunkte sind die in Deutschland größte Zweispännerquadrille mit 16 Gespannen und der archaisch wirkende Anblick der großen freilaufenden Herde.

Auch der von Röhricht und teilweise von Sumpfgebieten umgebene Parumer See, ein flacher Rinnensee westlich von Güstrow, ist ein beliebter Badesee. Im 3,5 km langen, maximal 1 km breiten und bis zu knapp 3 m tiefen Gewässer schwimmen Aal, Barsch, Brassen, Hecht, Rotauge und Schleie. Ebenso ist der Sumpfsee, ein Rinnensee im Südwesten der Stadt, Badesee und Angelrevier. Am Südostufer grenzt der 1,27 km² große See an den Ort Gutow. Das Gewässer speist sich aus Entwässerungsgräben der Dammkoppel und nördlich aus den Domwiesen. Im Norden hat es eine Verbindung über den Pfaffenteich und den Stadtgraben von Güstrow zur Nebel. Südlich des Sumpfsees liegt der Gutower Polder mit einem Vogelbeobachtungsturm.

Barlachstadt Güstrow

Die Stadt nördlich des Großseenlandes ist als Barlachstadt weit über die Landesgrenzen hinaus bekannt. Unversehrt im Krieg und danach von rührigen Denkmalschützern vor Verfall und gesichtslosen Neubauten weitgehend bewahrt, zeugt sie noch immer von der glanzvollen Zeit als ehemalige Residenzstadt der Fürsten von Werle und der Herzöge von Mecklenburg-Güstrow. Herzog Ulrich von Mecklenburg ließ Mitte des 16. Jh. vom lombardischen Architekten Franz Parr ein Schloss im italienisch-französischen Stil errichten. Von 1628 bis 1631 war Schloss Güstrow Residenz Albrecht von Wallensteins. Die heutige geometrische Gartenanlage spiegelt noch immer die Gestaltungsideen von dessen Hofarchitekten, dem Florentiner Giovanni de Galliano Pieroni, wider. Pieroni war Architekt, Mathematiker und Astronom, seine Horoskope brachten ihm Ruhm und Geld. Johannes Kepler und Galileo Galilei waren Zeitgenossen und mit ihm befreundet.

Obwohl das Schloss im Lauf der Zeit Teile des Nord- und Ostflügels eingebüßt hat, gilt es noch immer als eines der bedeutendsten Bauwerke der Renaissance im nördlichen Mitteleuropa. Über vier Etagen zeigt es als Schlossmuseum eine reich bestückte Dauerausstellung. Dazu gehören kostbare Exponate der fürstlichen Kunstkammer und herzogliche Jagd- und Prunkwaffen. In Tafel-, Wohn- und Empfangsräumen lassen Gemälde, Skulpturen und Mobiliar der Renaissance und des Barock den Glanz des ehemaligen Fürstensitzes wieder aufleben. Prächtige Patrizierhäuser säumen die Straßen der bald 800-jährigen Stadt.

Vom Turm der Pfarrkirche St. Marien hat man einen guten Blick auf das Herz der Stadt Güstrow: den lang gestreckten Marktplatz mit seinen stattlichen Bürgerhäusern.

Güstrow, eine Gründung von Heinrich Borwin II., Fürst zu Mecklenburg von 1219–26, an einem Übergang des Flüsschens Nebel und am Schnittpunkt zweier Handelsstraßen, erhielt schon 1228 das Stadtrecht. Die Residenzstadt des 16. und 17. Jh. wurde im 19. Jh. von mittelständischen Unternehmen wie der Kählerschen Eisengießerei und der Zuckerfabrik sowie dem Handel mit landwirtschaftlichen Produkten und auf Märkten und Messen zu Wohlstand geführt. Der rechteckige Marktplatz, der in seiner baulichen Geschlossenheit zu den schönsten im Land zählt, wird umrahmt von gepflegten Bürgerhäusern, die alle nach dem großen Stadtbrand von 1503 entstanden sind. Noch heute ist er Treffpunkt der Güstrower, oft sah man hier schon honorige Gäste. So trafen sich 1712, zur Zeit des Nordischen

Das Schloss in Güstrow ist das größte noch erhaltene Renaissance-Bauwerk in Mecklenburg. Die repräsentativen Räume beherbergen eine sehenswerte Dauerausstellung mit kostbaren Exponaten vom Mittelalter bis zur Neuzeit.

Krieges, in der heutigen Schlossapotheke August der Starke und der russische Zar Peter I. zu Friedensverhandlungen. Das Rathaus mit klassizistischer Fassade und die Hallenkirche St. Marien dominieren den Platz.

Die Pfarrkirche, im Jahr 1508 erbaut und 1880–1883 umgebaut, birgt kunstvolle Schätze wie die große Triumphkreuzgruppe aus Eichenholz und den Brüsseler Altar von Jan Borman. Ein kleines Relief aus Terrakotta, der Engel der Hoffnung, 1933 von Ernst Barlach geschaffen, befindet sich an einem Pfeiler im südlichen Mittelschiff. Ein anderes, wohl das berühmteste Werk Barlachs, befindet sich im Güstrower Dom. Vor über 780 Jahren entstand dieser als Stiftung von Heinrich Borwin II. auf kurz zuvor noch heidnischem Boden, um von dort das Umland zu missionieren. Die kreuzförmige, dreischiffige Basilika, 1335 geweiht, ist der älteste Backsteinbau Güstrows. Durch die hohen Fenster des langen Chorraums des Doms fällt sparsames Licht, das Bewegung in die Gebärden und Gewänderfalten der Apostelfiguren von 1630 bringt. An der Chorwand kniet betend der Renaissancefürst Ulrich, dem Güstrow für immerhin 138 Jahre den Status als Residenzstadt von Mecklenburg-Güstrow verdankt.

Im Dunkel der nördlichen Seitenkapelle hängt Barlachs bronzenes Güstrower Ehrenmal *Der Schwebende*. Wie ein Engel schwebt Barlachs bronzene Skulptur über dem schmiedeeisernen Taufgitter und erinnert an die dunkle Zeit des Ersten Weltkrieges. „Für mich hat während des Krieges die Zeit stillgestanden. Sie war in nichts anderes Irdisches einfügbar. Sie schwebte. Von diesem Gefühl wollte ich in dieser im Leeren schwebenden Schicksalsgestalt etwas wiedergeben", schrieb Ernst Barlach. Doch wurde das Werk 1937 als „entartete Kunst" entfernt und 1941 eingeschmolzen. Im Dom drehte sich nun das Sonnenkreuz der Glaubensbewegung Deutsche Christen, einer rassistischen, am „Führerprinzip" orientierten Strömung innerhalb des damaligen deutschen Protestantismus. Die schwere Bronzefigur schwebt erst seit 1952 als Nachguss wieder im stattlichen Dom.

Als 1981 der damalige Bundeskanzler Helmut Schmidt zusammen mit Erich Honecker die Stadt besuchte, versetzte sein beharrlich geäußerter Wunsch, den bronzenen Friedensengel im Dom zu sehen, dessen Schicksal ihm in brauner Zeit die „Augen für die Verrücktheiten der Nazis" öffnen half, die Stasi in Aufregung. Acht Jahre später wurde der Dom das Güstrower Zentrum des friedlichen Volksaufstandes.

Der Güstrower Marktplatz wird dominiert von der Marienkirche, erbaut in typischer norddeutscher Backsteingotik, und dem Rathaus, das 1798 mit einer klassizistischen Fassade versehen wurde.

Ernst Barlach

Ernst Barlach – Bildhauer, Grafiker und Dichter

„Mein Bronzeengel hängt unter dem Domgewölbe und tut es so bewegungslos, als täte er's schon hundert Jahre", schrieb der Bildhauer Ernst Barlach (unten).

Hintergrundbild: In der Gertrudenkapelle in Güstrow werden Skulpturen des bekannten Künstlers ausgestellt.

Barlach kam 1910 in die Stadt, in der er die fruchtbarsten Jahre seines Lebens verbringen sollte. Hier hat er „Bühnen- und Bildwerke geschaffen, alle ausgezeichnet durch eine höhere Schlichtheit; nur der geprüfte, umgetriebene Geist erlangt sie zuletzt", wie Heinrich Mann 1938 über den Bildhauer, Grafiker und Dichter sagte. „Erdgebunden war niemand weniger als dieser Künstler, der dennoch gelernt hatte, die stummen Wesen um ihn her redend zu machen und den Unbewussten ihre innigste Gestalt zu geben."

Opfer der Barbarei

1930 lässt Barlach sich vom Architekten Adolf Kegebein das Atelierhaus am Heidberg in Güstrow erbauen. Doch als die Nazis 1937 mit der „Aktion Entartete Kunst" Deutschland von Werken der Moderne „säubern", gehören auch Barlachs Arbeiten zu den Opfern dieser kulturellen Barbarei. 68-jährig stirbt Barlach am 24. Oktober 1938.

1953 eröffnet Barlachs Lebensgefährtin Marga Böhmer in der spätgotischen Gertrudenkapelle die erste ständige Barlach-Ausstellung. Seit 1978 ist auch das Haus am Heidberg Gedenkstätte. Es beherbergt den größten zusammenhängenden Bestand an Arbeiten des Künstlers. Allein etwa 300 Plastiken und Skulpturen sind zu besichtigen.

Nossentiner-Schwinzer Heide – im Herzen der Seenplatte

Nordwestlich der großen Seen erstreckt sich ein Landschaftsmosaik aus Kieferwäldern, Kleingewässern, Sanderflächen mit Heidegebieten, Mooren, Dünen und blühendem Trockenrasen. Schon früh hat dort der Mensch Fuß gefasst.

Als sich die Eismassen vor etwa 15 000 Jahren ein letztes Mal von Norden her voranschoben, blieben sie am Nordrand des heutigen 355 km² großen Naturparks Nossentiner-Schwinzer Heide stehen und hinterließen ein bewegtes Geländerelief aus Endmoränen und Schwemmkegeln, die Sander genannt werden und vom Schmelzwasser abgelagert wurden. Im Norden wird das Gebiet durch den Malchiner und den Krakower Endmoränenbogen begrenzt. Südlich der Hauptendmoräne des Pommern-Phase genannten Vorstoßes innerhalb der Weichsel-Kaltzeit zwischen 18 200 und 15 000 v. Chr. erstrecken sich nun ausgedehnte Sanderflächen, die nahezu die gesamte Nossentiner-Schwinzer Heide einnehmen. In von den Wassermassen ausgespülten Rinnen blinken heute Seen. Rund 60 überwiegend kleinere Gewässer zeichnen den Verlauf der einstigen Schmelzwasserrinnen nach. Auch der rund 7 km lange Drewitzer See verdankt seine Entstehung mehreren aufeinanderfolgenden eiszeitlichen Prozessen – zuletzt einem gewaltigen

Die Gletscher der Eiszeit hinterließen in der Nossentiner-Schwinzer-Heide zahlreiche Seen, die zum großen Teil von Feuchtwiesen und Wald umgeben sind.

Schmelzwasserstrom. Von kalkhaltigem Grundwasser durchströmt, gewährt der sauerstoffreiche See stellenweise eine Sichttiefe von über 6 m. Zangenlibellen und Keiljungfern schwirren über die Oberfläche. Auf dem Grund gedeihen ungewöhnlich artenreiche Armleuchteralgen-Rasen. Dieser berückend klare und über 30 m tiefe See ist zum Baden bestens geeignet, doch ist dies zum Schutz der Tier- und Pflanzenwelt nur im Südabschnitt bei Sparow, einem Ortsteil der Gemeinde Nossentiner Hütte, erlaubt.

Lebensadern des Naturparks sind die Fließwassersysteme der Nebel und der Mildenitz, zudem gibt es zahlreiche Bäche und Gräben. Auf den Sanderflächen haben sich neben trockenen Heidegebieten auch nährstoffarme Magerrasen entwickelt. Auf sandigen, stillgelegten Ackerflächen webt der Reiherschnabel purpurfarbene Teppiche. Moore vervollkommnen auf einer Gesamtfläche von 1200 ha das Bild dieser Landschaft, die in ihrer Vielfalt Rückzugsraum für viele seltene Pflanzen- und Tierarten ist. Zum Schutz u. a. von See- und Fischadler, Kranich, Rohrdommel und Raufußkauz wurde der gesamte Naturpark zum Europäischen Vogelschutzgebiet erklärt.

Am idyllisch gelegenen Drewitzer See, einem kalkhaltigen Klarwassersee, ging einst Erich Honecker auf Pirsch. In seinem ehemaligen Jagdsitz ist inzwischen eine moderne Hotelanlage entstanden.

Zahlreiche seltene Vogelarten haben in dem naturnahen Gebiet einen sicheren Lebensraum gefunden.

Nach alten Plänen hat man in Sparow einen Teerofen nachgebaut. Beim Verschwelen des harzreichen Kiefernholzes fallen jedesmal fast 3 t Holzkohle an.

Schwarze Kunst in Sparow

In vorgeschichtlicher Zeit war das Gebiet zu etwa 80 % mit Wald bedeckt. Doch schon vor 5000 Jahren wurden Menschen sesshaft. Sie rodeten Wälder und nutzten das Holz später für Glashütten, Kalköfen, Ziegeleien und Teeröfen. Das ausgehende 17. und 18. Jh. waren die Hochzeiten der Teerschwelerei. Um Teer herstellen zu können, brauchte man neben viel Holz auch doppelwandige Öfen aus Lehm oder Ziegelsteinen. Tagelang musste angeheizt werden, bis die Hitze Wasser und Holzessig aus dem Schwelholz trieb. Der alte Sparower Teerofen wurde 1792 stillgelegt. Um diesen Teil der Industriegeschichte museal zu bewahren, hat man in Sparow nach alter

Nossentiner-Schwinzer Heide – im Herzen der Seenplatte

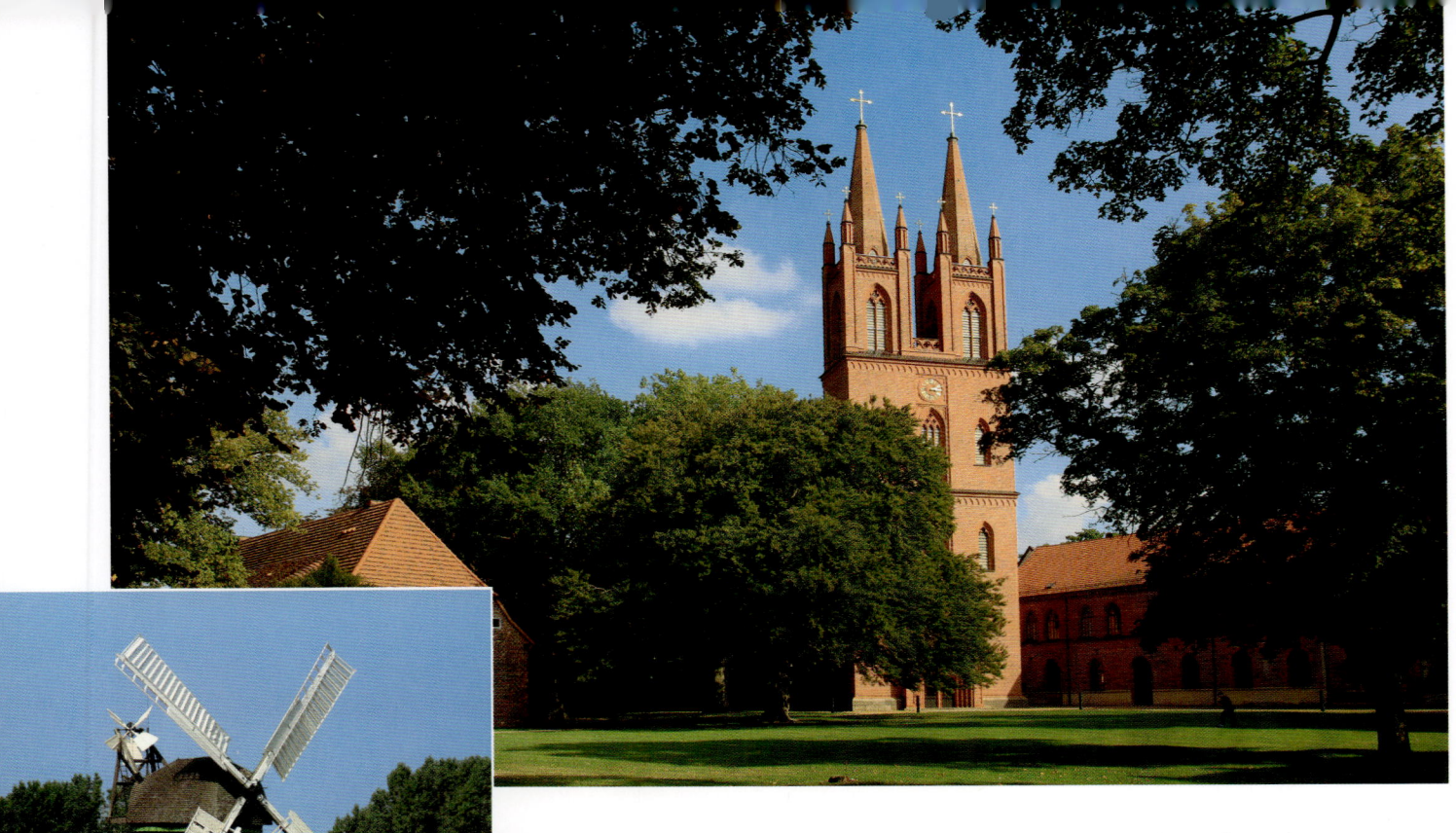

Im Jahr 1857 wurde die Klosterkirche von Dobbertin, ein Wunderwerk neugotischer Ziegelsteinarchitektur, als einzige doppeltürmige Kirche Mecklenburgs eingeweiht (ganz oben).

Die um 1843 erbaute Holländer-Windmühle ist das Wahrzeichen des Agroneums in Alt Schwerin, einem landwirtschaftlichen Freiluftmuseum (oben).

Bauanleitung einen neuen Teerofen aufgebaut, der als größter aktiver Teerofen Europas wieder den Stoff produziert, den die hiesigen Jäger heute wie damals gerne als Lockstoff für Schwarzwild nutzen. Auch Teerseife kann man im rohrgedeckten Schwelerhaus kaufen.

Alt Schwerin – ein Dorf wird zum Museum

Mecklenburg ist traditionsreiches Agrarland. Schon 1963 wurde am südlichen Ende des Drewitzer See, in Alt Schwerin, das Agrarhistorische Museum eröffnet, heute als Agroneum bezeichnet. Bis vor wenigen Jahren wurde hier die gesamte Agrargeschichte Mecklenburgs dokumentiert, seit 2012 konzentriert man sich auf die Großflächenwirtschaft Mecklenburgs von 1848 bis heute. Basis hierfür ist ein fast vollständig erhaltenes Rittergut mit Herrenhaus und Park, mit Wirtschaftsgebäuden, Alleen und Landarbeiterhäusern. Eine Holländerwindmühle, die man schon von der nahe gelegenen Autobahn aus sieht, Lokschuppen, Schmiedewerkstatt und Tagelöhnerkaten aus anderen Dörfern Mecklenburgs ergänzen das dörfliche Bild. Eine einklassige wilhelminische Dorfschule, Landarbeiterwohnungen aus den Jahren 1910, 1942 und den 1960er-Jahren sowie ein Einfamilienhaus eines LPG-Mitgliedes aus den 1970er-Jahren geben ein authentisches Bild der damaligen ländlichen Lebensverhältnisse. Speicher und Stallanlagen aus dem 19. Jh. ergänzen das Bild. Auch der technische Fortschritt auf dem Land wird vorgeführt. Um 1900 begannen Dreschkästen, Sortiermaschinen oder Zentrifugen Pferdegöpel, Dreschflegel oder Butterfässer zu ersetzen, Pferde und Ochsen wurden allmählich vom Traktor abgelöst. Nicht nur Kinderherzen schlagen höher beim Anblick des Lanz-Kühler-Bulldog oder des RS Aktivist, der einer der ersten in der DDR produzierten Traktoren war. Moderne Landtechnik zeigt eine neue Ausstellungshalle aus Glas und Stahl.

Die Gründung des Klosters Dobbertin am Nordufer des Dobbertiner Sees – ein wichtiger Fixpunkt der Landesentwicklung – erfolgte während der Christianisierung im frühen 13. Jh. Zunächst führten Benediktinermönche das Kloster. Ab 1234 übernahmen es Nonnen dieses Ordens. Es entwickelte sich zu einem der reichsten Klöster im Land. Zeitweise besaß es Ländereien, Gewässer und Wälder mit einer Gesamtfläche von 25 000 ha.

Nach der Reformation wurde das Kloster in ein adliges Damenstift „Zur christlichen Auferziehung inländischer Jungfrauen" umgewandelt. 1837 erhielt die Klosterkirche nach Plänen des Berliner Baumeisters Karl Friedrich Schinkel eine neue prachtvolle Gestalt. In der Klosteranlage betreut das Diakoniewerk Kloster Dobbertin heute Menschen aller Generationen mit gesundheitlichen, psychischen und sozialen Problemen.

Für die Waldwirtschaft sollte das Kloster eine wichtige Rolle spielen. Rodungen hatten im Laufe der Jahrhunderte den ursprünglichen Wald weitgehend vernichtet. Um der Holznot zu entgehen, gründete die Klosterverwaltung Dobbertin 1760 den ersten Forsthof in Schwinz. Die Aufforstung mit schnell wachsenden Kiefern begann. Inzwischen ist das Gebiet wieder zu 60 % mit Wald bestanden. Dreiviertel der Naturparkfläche sind Landschaftsschutzgebiet, 19 % sind unter Naturschutz gestellt und unterliegen damit strengen Auflagen, die vor allem die artenreiche Flora und Fauna bewahren helfen.

Am Goldberger See

Der ovale und relativ flache Goldberger See liegt zusammen mit dem Großen und Kleinen Medower See und dem Wooster See in einem flachen eiszeitlichen Zungenbecken. Mit dem Dobbertiner See ist der Goldberger See durch die Mildenitz verbunden, an deren Ufer in einer etwa 300 Jahre alten ehemaligen Wassermühle ein Museum untergebracht ist. Dieses bewahrt u. a. den Nachlass des Künstlerehepaars Heinrich und Lotte Eingrieber (1896–1979), die seit den 1920er-Jahren fünf Jahrzehnte lang in Goldberg lebten. Die beiden Maler widmeten sich in ihren Arbeiten mit der Natur der Umgebung und der Arbeit ihrer Nachbarn. Hinter dem Haus, das auch ein Naturmuseum ist, gedeiht ein Bauerngarten. Die Natur ist der Reichtum des kleinen Städtchens mit dem schillernden Namen, doch Berge und Gold sucht man hier vergebens. Vermutlich leitet sich der Name von dem slawischen Wort „Gols" für „Hügel" ab.

Die Naturparkstation Karower Meiler

Die Naturparkstation Karower Meiler ist ein guter Ausgangspunkt für Erkundungen der Nossentiner-Schwinzer-Heide. Nicht weit von hier kann man vom hölzernen Aussichtsturm „Moorochse" über das geschützte Nordufer des Plauer Sees, über alte Torfstiche und Kormorankolonien blicken. 1991 gründete sich im Karower Schloss ein gemeinnütziger Verein, um den Aufbau des 1994 ins Leben gerufenen Naturparks zu begleiten. Bald wurde in einem alten Stallgebäude eine erste Ausstellung gezeigt. Im Jahr 2000 entstand der markante Bau der heutigen Naturparkstation, deren schräge Kiefernstämme an die alten Kohlenmeiler erinnern sollen. Kiefernstämme aus der Nossentiner Heide, die die gesamte Halle tragen, symbolisieren im Innern des Gebäudes den Wald als Lebensraum und prägendes Element der hiesigen Landschaft.

Porträt

„Kräuterfee" Anke Bayler

Anke Bayler erinnert sich: „Angefangen hat alles mit Löwenzahnblüten, Waldmeister, Holunderblüten, ein paar leeren Gläsern und einem Kopf voller Ideen". Die studierte Landschaftsplanerin, zierlich von Gestalt und mit wilder Mähne, ist eine wahre Kräuterfee.

Wie an einer langen Kette aufgereiht liegen die Häuser der kleinen Gemeinde Nossentiner Hütte, die ihren Namen einer ehemaligen Glashütte verdankt. Blühende Vorgärten prunken rechts und links der Straße zwischen Malchow und Teterow. Nossentiner Hütte ist ein Straßendorf, das sich früher in landesherrlichem Besitz befand. Die Einwohner waren meist Büdner, die oftmals als Forstarbeiter ihren Lebensunterhalt verdienten.

Naturgenüsse aus Blüten und Früchten

Weil sie sich ihrer Heimat eng verbunden fühlt, beschloss Anke Bayler, sich selbstständig zu machen und die Landschaft den Menschen auf ganz besondere Weise nahe zu bringen. 2006 eröffnete sie in ihrer Garage einen Hofladen. Sie legte hinter dem Haus in Anlehnung an alte Traditionen einen romantischen Bauerngarten an, in dem so manches Kraut auch wild wachsen darf. Vieles, was in diesem zauberhaften Garten gedeiht, verarbeitet sie in ihrer Kräuterküche zu wohlschmeckenden, gleichsam wohltuenden Produkten. Wilde Kräuter sammelt Anke Bayler auch auf ihren Streifzügen durch den Naturpark Nossentiner-Schwinzer Heide.

Das Jahr beginnt mit Löwenzahn, im Sommer blüht der Holunder. Auf Streuobstwiesen reifen im Herbst Pflaumen, Äpfel und Quitten. Holunder, Quitten, Waldmeister und Robinienblüten werden zu Gelees, wilde gelbe und rote Pflaumen, Äpfel, Kirschen, Heidelbeeren, Himbeeren, Hagebutten und Rosenblüten zu Fruchtaufstrichen. Dabei entstehen köstliche Kompositionen wie Rosenblüten mit Erdbeeren, Heidelbeeren mit Thymian, Pflaumen mit Schokolade oder Aprikose mit Sanddorn. Brombeeren mit Zitronenthymian, Heidelbeeren mit Rosmarin und Erdbeeren mit Basilikum geben Fruchtessigen köstliches Aroma. Auch Chutneys, Liköre, Tees, Kräutersalz und sogar Blütenzucker entstehen in der kleinen Manufaktur. Im Blütensalz vereinen sich Garten-, Feldrand- und Wie-

Kräutersalz, Fruchtaufstriche und Liköre gehören zum köstlichen kulinarischen Angebot im Hofladen.

Fliegenpilze (links) werden nur zur Dekoration genutzt. So schmückt man damit jedes Jahr den Erntedankkranz. Im Hofladen gibt es nur Produkte aus eigener Herstellung (unten).

senkräuter, wie Thymian, Schabzigerklee, Brennnessel, Wegerich, Kornblume, Ringelblume und Klatschmohn, zum „Sommernachtstraum". Speisehanfsamen werden zu Senf, Tee und knuspriger Knabberei. Würzig duftet es im kleinen Hofladen.

Immer wieder nimmt Anke Bayler auch Gäste auf ihre Kräuterwanderungen mit. Dabei erzählt sie von der Heilkraft der Pflanzen und den Mythen, die sich um sie ranken. So vom heilkräftigen Gundermann, der bei Husten und Hauterkrankungen hilft. Zu Kränzen geflochten, soll er dabei helfen, in der Walpurgisnacht Hexen zu erkennen.

Kräftig goldgelb leuchten die Blütenblätter des Johanniskrauts. Zur Hälfte rechtsständig beziehungsweise linksständig wachsend, symbolisieren sie über diese Eigenheit den Stand der Sonne im Zenit. Schon die alten Germanen verehrten das Johanniskraut als Lichtbringer und Symbol für die Sonne. Zur Sommersonnenwende gesammelt, bewahrt es seine Sonnenkraft als Tee, Rotöl, Tinktur und Räucherwerk bis in den dunklen Winter.

Im Mörser zerstößt Anke Bayler Wacholderbeeren für die Brombeermarmelade, die dieser einen unverwechselbaren Geschmack verleihen.

Am Plauer See – vom Zauber großer Wasserflächen

Plau am See ist das westliche Tor zur Müritzregion. Die malerische Altstadt des Luftkurorts liegt am Westufer von Deutschlands siebtgrößtem See sowie an der Müritz-Elde-Wasserstraße.

Der Plauer See ist mit 38,4 km² Mecklenburg-Vorpommerns drittgrößter See. Der Leuchtturm am stadtseitigen Ufer erlaubt aus 8 m Höhe einen faszinierenden Ausblick auf den See und die Müritz-Elde-Wasserstraße. Ausflugsdampfer und Motorboote beleben den länglichen, sich 15 km in Nord-Südrichtung ausdehnenden, maximal 6 km breiten und durchschnittlich 6,80 m tiefen See, der 2011 von der Stiftung Global Natur (GFN) zum „Lebendigen See des Jahres" gekürt wurde. Mit seinen breiten naturnahen Ufern und ruhigen Buchten ist er einer der schönsten Seen Mecklenburg-Vorpommerns, heißt es in der Begründung für diese Auszeichnung. Segelboote lassen sich vom Westwind über den bis zu 33 m tiefen See treiben. Im nördlichen Teil ist er ein Muldensee, aufgestaut durch eiszeitliche Moränenwälle, im südlichen Teil ein Rinnensee. Das Nordufer ist ein wichtiges, unter Naturschutz gestelltes Brutvogelgebiet, in dem sich im Herbst auch viel Saat- und Blässgänse sammeln. Scharen von Reiherenten suchen hier die Muschelbänke nach Nahrung ab. Das leicht hügelige Ostufer ist stark bewaldet, im

In den rustikalen Holzhütten am Eldekanal in Plau verarbeiten die Müritzfischer ihren Fang. In den Räucheröfen werden Maräne, Wels, Saibling, Lachs und Aal frisch geräuchert.

Norden schiebt sich die Halbinsel Plauer Werder mit naturbelassenen Badestellen, mit Caravan- und FKK-Campingplatz in den See. Auch am Westufer lockt Plau mit ausgezeichneter Badewasserqualität. Taucher, Paddler und Petri-Jünger finden dort ihr Paradies. Hecht, Barsch, Schleie und Karpfen bis zur Zehn-Kilo-Marke können hier geangelt werden. Im März und April sind die kilometerlangen Schilfgürtel vielversprechende Hechtreviere.

Bei Plau mündet die Müritz-Elde-Wasserstraße in den Plauer See, der über die Elde auch mit dem Fleesensee, der Müritz und dem Kölpinsee verbunden ist.

Die Fischer vom Plauer See

Die Fischer von Plau erkennt man schon von Weitem an ihren leuchtend orangefarbenen gummierten Latzhosen und den hohen Gummistiefeln. Wenn sie ihre flachen Kähne im Bootsschuppen festgemacht haben, wird der Fang entladen und verarbeitet: gewaltige Hechte, Saiblinge und Karpfen. Die Fischerei Müritz-Plau GmbH, die rund 27 000 ha Pachtgewässer, etwa 90 Seen und Fließgewässer, bewirtschaftet, ist der größte Binnenfischereibetrieb Mecklenburg-Vorpommerns. Zu den Fängen der aktiven Fischerei kommen noch die Erträge der Karpfen- und Satzfischproduktion der 170 ha großen Teichwirtschaft im Süden des Müritzgebiets. Etwa 100 Mitarbeiter beschäftigt diese Kooperation, die nach der Wende aus der größten Binnenfischereigenossenschaft der DDR hervorgegangen ist. Mit einem Konzept, das von Fischzucht und Bestandsaufbesserung der Gewässer über Fangquoten bis hin zu Verarbeitung, Vermarktung und touristischen Angeboten reicht, hat man sich hier nach etlichen Berg- und Talfahrten den neuen Marktbedingungen erfolgreich angepasst. Der zentrale Standort der „Müritzfischer" mit einem Fischereiverarbeitungsbetrieb und der Vertriebszentrale ist die Stadt Waren an der Müritz. Die einzelnen Betriebsteile im Bereich von Lübz, Damerow,

Im Mittelalter hieß der See Kuzin – mittlerweile ist die Stadt Plau Namensgeberin des Gewässers.

Eldeabwärts müssen Schiffe in Plau das „Blaue Wunder", eine fast 100 Jahre alte Hubbrücke, passieren. Zu Beginn des 19. Jh. verschiffte man noch einen großen Teil des mecklenburgischen Getreides über die Elde in Richtung Hamburger Hafen, heute sind auf der Müritz-Elde-Wasserstraße Sportboote und Yachten unterwegs (ganz oben).

Von der einst mächtigen Burg von Plau blieben nur noch der Turm und ein Teil der Wallanlage übrig. Im Turm mit seinen 3 m starken Mauern ist das Stadtmuseum untergebracht (oben).

Dobbertin, Vipperow, Speck und Plau verkaufen den Fisch auch direkt vor Ort. Die alten Bootsschuppen am Ufer der Elde in Plau, dem bedeutendsten Fischereistandort des Unternehmens, sind heute touristische Sehenswürdigkeiten. Vom Kahn aus geht der Fisch gleich in die Räucheröfen oder als Frischfisch über den Ladentisch. Gewaltige Hechte sind dabei, kräftige Aale, manche so stark wie ein Unterarm, aber auch schmächtige, silbrige Maränen und grünlich graue Zander.

Plau – Stadt der drei Türme

Wer heute die großen Seen der Mecklenburgischen Seenplatte mit dem Boot erkunden will, auf der Müritz, dem Kölpinsee und dem Fleesensee sowie dem Plauer See, kommt um Plau nicht herum. Auf dem Weg von Dömitz bis Plau passieren jährlich bis zu 5000 Boote und Schiffe die 41,50 m lange und 5,10 m breite Schleuse, die letzte der insgesamt 17 Schleusen auf der von Dömitz im Südwesten Mecklenburgs heranführenden Müritz-Elde-Wasserstraße. Von der hölzernen Hochbrücke, der sogenannten Hühnerleiter, schauen Touristen dem fröhlichen Treiben auf der Elde zu. Sie schlendern über die Eldepromenade einen Kilometer flussaufwärts bis zum „Blauen Wunder" von Plau. Die schöne gusseiserne Hubbrücke, ein technisches Denkmal aus dem Jahre 1916, das 1945 vor der Sprengung bewahrt und 1992 restauriert wurde, öffnet sich bei Bedarf automatisch. Mit ihrer Hubhöhe von bis zu 1,86 m ist sie die höchste Hubbrücke Mecklenburgs und zudem das wohl beliebteste Fotomotiv von Plau.

Schon die alten Slawen wussten den Platz zu schätzen, an dem die Elde den Plauer See verlässt. Die Obotriten bauten eine Siedlung am Westufer des Plauer Sees und nannten sie *Plawe* – „Flößerort". Im Jahre 1235 erhielt

"Plawe" das Stadtrecht und kam, begünstigt durch die Lage an der Bernsteinstraße, zeitweise zu ansehnlichem Wohlstand. Seit der Neuzeit ist die Altstadt von den Fachwerk- und Backsteinhäusern der Ackerbürger geprägt. Plau am See ist auch die Stadt der drei Türme – zum eingangs bereits erwähnten Leuchtturm gesellen sich ein Burg- und ein Kirchturm. Über 120 Stufen geht es im Marienkirchturm hoch hinauf. Das untere Feldsteingeschoss der seit 1879 in ihrem Innern überwiegend neogotisch gestalteten Kirche stammt noch aus dem 13. Jh. Das 1287 erbaute Schloss wurde 1448 zur Burg ausgebaut. 1548 machte Herzog Heinrich V. der Friedfertige daraus eine der größten Festungen Norddeutschlands. Im Dreißigjährigen Krieg wurde sie von den Schweden beschossen und später zur Schleifung freigegeben. Heute sind noch die Wallanlage und der Burgturm erhalten. Auf den Gewölben der Burg baute sich 1822 ein Postmeisterehepaar ein Haus. Im Burgturm mit seinen 3 m dicken Wänden und dem 11 m tiefen Verlies wird die ältere Stadtgeschichte dokumentiert.

Starke Maschinen aus Plau

Das ehemalige Wirtschaftsgebäude auf dem Burggelände beherbergt seit dem Jahr 2000 eine Ausstellung zu Handwerk und Industrie des 19. Jh. Im Mittelpunkt steht dabei Ernst Alban, der einst in Plau wirkende Erfinder der Hochdruckdampfmaschine. Sein Seitenraddampfer *Alban* fuhr 1845 erstmals über den Plauer See. Am 1. Mai 1846 berichtete ein Korrespondent im Freimüthigen Abendblatt: „Das Plauer Dampfschiff belebt unseren Verkehr auf der Müritz bedeutend." Alban, 1791 in Neubrandenburg geboren, studierte zunächst Medizin, widmete sich dann aber mit Leidenschaft der Entwicklung einer Hochdruckdampfmaschine, die mit mindestens 50 Atmosphären Druck arbeiten sollte. Die Fischer fürchteten die Erfindungen des mecklenburgischen Maschinenbauers, glaubten sie doch, die „schwingenden Ruder", die senkrecht in das Wasser eintauchten und sich beweglich dem Wasserstand anpassten, könnten die Fische verscheuchen. Landwirte hingegen waren begeistert, denn später nutzte Alban seine Entwicklung vor allem für bestimmte landwirtschaftliche Geräte. Darüber hinaus regte er auch eine Art Lehrlingsausbildung im Maschinenbau an und unterrichtete seine Arbeiter nach Feierabend und an Sonntagen in den Grundbegriffen der Mathematik, Mechanik und des Maschinenbaus.

Der Bildhauer Wilhelm Wandschneider

Der Hechtbrunnen in Teterow, das Fritz-Reuter-Denkmal in Stavenhagen und der John-Brinckman-Brunnen in Güstrow sind Werke des mecklenburgischen Bildhauers Wilhelm Wandschneider. 1866 wurde er in Plau als Sohn eines Malermeisters geboren. Ein Stipendium des Großherzogs Friedrich Franz III. ermöglichte ihm das Studium an der Akademischen Hochschule für Bildende Künste in Berlin. Wandschneider zog 1925 wieder zurück in seine Heimatstadt, wo ein ihm gewidmetes Museum eröffnet wurde. 1942 starb Wandschneider. 1947 wurde das Museum des Künstlers geschlossen, da Wandschneider sich in seinem Spätwerk sehr dem repräsentativen, entindividualisierten Neoklassizismus genähert hatte, der dem offiziellen Kunstgeschmack der Nationalsozialisten entsprach. 1994 entstand ein neues Museum mit zahlreichen Bilddokumenten und ca. 30 Originalplastiken des Künstlers (im Bild die Skulptur *Die Trinkende*), dessen Gesamtwerk freilich weit vielfältiger war und nicht ausschließlich auf das Spätwerk verengt gesehen werden sollte.

In der Blütezeit des Kurorts Bad Stuer entstanden hübsche Villen im romantisierenden Baustil des späten 19. Jh. Nur wenige der Anwesen sind noch erhalten.

Am Südufer des Plauer Sees

Das Gemeindegebiet von Stuer am Rand der Mecklenburgischen Seenplatte erstreckt sich von der Südspitze des Plauer Sees im Nordwesten über das Tal der Eisvögel bis in ein Grundmoränengebiet im Südosten. Einst war der Ort Stuer von großer Bedeutung. Nicht nur, dass Stuer im 13. und 14. Jh. Gerichtsort für das gesamte Umland von Röbel bis Malchow war, der gesamte Plauer See hieß damals *Lacus Sturichse*, also „Sturer See". Die Burg Stuer, 1660 nach einem Brand aufgegeben, war lange Stammsitz der Familie von Flotow, die 1340 von dem Fürsten von Güstrow-Werle mit dem Dorf Stuer und der Mühle belehnt worden war. Wenig später erhielten sie das ganze Land Malchow sowie die Stadt Röbel und deren Umgebung. Zu Stuer gehören heute die Ortsteile Bad Stuer, Neu Stuer und Stuer Vorwerk. Zwischen dem Ortsteil Stuer Vorwerk und dem Ortseingang Stuer bietet der 1998 renaturierte Stuerer See 130 Vogelarten einen Lebensraum.

Wasser war in Bad Stuer lange Zeit auch verordnetes Lebenselixier für kranke Menschen. Der Ort wuchs ab 1845 mit der vom Heilpraktiker Heinrich Friedrich Francke betriebenen Wasserheilanstalt. Diese versprach, Krankheiten wie chronische Nervenleiden, Neuralgien, Gicht, Diabetes und Trunksucht zu heilen. Bald schon ließ Gutsherr von Flotow ein Logierhaus für bis zu 120 Kurgäste errichten. Berühmtester Gast war der mecklenburgische Dichter Fritz Reuter. Dem Rotwein maßlos zugeneigt, versuchte er es in den Wintern 1847/48 und 1868/69 mit Wasser. „Mein ganzer Lebenslauf ist Wasser, ich werde damit begossen wie ein Pudel, sitze darin wie ein Frosch und saufe wie ein Ochs ...", klagt er in einem Brief an seinen Freund Fritz Peters. „Wasser auswendig ist schlimm, sehr schlimm, aber inwendig, da hat es eine grausame Wirkung."

Das war kaum im Sinne des Erfinders der Wasserkur. 1839 schrieb Francke unter dem Pseudonym Johann Heinrich Rausse die Abhandlung *Wasser thut's freilich* und wurde damit zum Kritiker bisheriger Heilverfahren. Zunächst wurde in Stuer nach den Prinzipien der Wasserheilkunst von

Vincenz Prießnitz behandelt, später folgte man den Methoden von Sebastian Kneipp. 1862 erwarb Kurdirektor Gustav Bardey die Wasserheilanstalt und ließ die Umgebung mit Buchen und Eichen aufforsten. Mit dem Ersten Weltkrieg endete jedoch der Kurbetrieb. 1923 wurde das Inventar versteigert und ein Teil der Gebäude abgerissen. Doch erinnern noch immer einige prächtige Villen an die Glanzzeit des alten Kurbades.

Im Tal der Eisvögel

Auch der seltene Eisvogel liebt Wasser, doch glasklar muss es sein. In dem von Bächen durchzogenen Tal der Eisvögel an der Südspitze des Plauer Sees findet der schillernde Vogel reichlich Nahrung und einen angemessenen Lebensraum. Ein Wanderweg führt über 2,5 km von der Stuerschen Hintermühle entlang am alten Mühlbach dorthin. Wo einst Mergel abgebaut wurde, findet der kleine Vogel ein ideales Brutrevier. Ein Eisvogel verzehrt täglich 15 bis 30 g kleine Fische. Im Sommer stehen auch Insekten und seltener kleine Frösche oder Kaulquappen auf seinem Speiseplan. Kalte Winter aber können ihm den Zugang zu seiner Speisekammer verwehren. Gegen die hohe Verlustrate hilft sich der Vogel selbst mit einer bemerkenswerten Fortpflanzungsfreudigkeit. Mit seinem spitzen Schnabel gräbt er sich hier bis zu 1 m lange, leicht ansteigende Röhren in steile Böschungen. In der Regel brütet der Eisvogel zweimal im Jahr und legt dabei jeweils sechs bis acht Eier in einem solchen Brutkessel ab. Das Leben dieses zarten Vogels, der selten älter als drei Jahre alt wird, ist stark bedroht durch die Regulierung von Flüssen und Bächen sowie durch die Trockenlegung von Feuchtgebieten. Einst von Binnenfischern bejagt, waren seine Federn im 19. Jh. auch begehrter Schmuck für Damenhüte. Zur Herstellung von künstlichen Fliegen für Angler wurden jährlich Tausende der Vögel getötet.

Wo sich vor zwei Jahrzehnten noch Wiesen erstreckten, bietet heute der renaturierte Stuerer See einen Lebensraum für viele Vogelarten.

Bärenwald Müritz

Eine Auffangstation für heimatlose Braunbären

Es brummt im Wald am Plauer See. Die Bären sind da! Genauer gesagt: 19 Braunbären. Der Wanderweg durch das Tal der Eisvögel führt zu einem Bärengehege, in dem 2006 die ersten acht Bären einzogen, denen das Bärenschutzprogramm der internationalen Tierschutzorganisation VIER PFOTEN, die neben dem Bärenwald Müritz noch zwei weitere Auffangstationen, den Bärenwald im Österreichischen Arbesbach und den Tanzbärenpark in Belitsa, betreuen, zu besseren Lebensbedingungen verhalf. Wenn Basia, die 1996 geborene Braunbärin, brummt, braucht man sich nicht zu fürchten, Zäune grenzen die Gehege sicher ab. Wie alle ihre Gefährten hat Basia in ihrem Leben schlechte Erfahrungen gemacht. Sie stammt aus dem polnischen Minizoo Leszno, wo sie in einem 60 m² kleinen Käfig ohne Rückzugsmöglichkeit, ohne tierärztliche Versorgung und ohne artgerechte Ernährung leben musste. Wasser zum Baden gab es dort nie. Balou, mit 2,10 m der größte Meister Petz im Bärenwald, wurde 2002 andernorts unter katastrophalen Haltungsbedingungen geboren. Heute tollt er vergnügt im Badeteich herum. „In Deutschland werden von Zoos und privaten Einrichtungen über 100 Bären gehalten. Meist handelt es sich um Braunbären. Außerdem befinden sich noch asiatische Kragenbären, Brillenbären, Eisbären und amerikanische Schwarzbären in Gefangenschaft. Nur etwa die Hälfte der Tiere wird dabei in wissenschaftlich geführten bzw. wissenschaftlich begleiteten Anlagen und Zoos betreut. Dementsprechend unterschiedlich ist die Qualität der Haltung: So stehen im Bärenwald Müritz einem Bären etwa 5 000 m² zur Verfügung, während Dutzende Braunbären, die in deutschen Tierparks gehalten werden, nur ungefähr je 100 m² gegönnt werden", berichten die Tierschützer von VIER PFOTEN.

Platz für Meister Petz

Im Bärenwald Müritz genießen die Bären wieder das Graben von Kuhlen und das Suhlen im Schlamm. Im hügeligen Mischwald lernen sie, wieder artgerecht zu leben und den Tag nach eigenem Rhythmus zu verbringen. Die meisten erinnern sich dann auch daran, dass Bären eigentlich Winterschlaf halten. Das Geländeprofil erlaubt den Tieren, sich für die Winterruhe eigene Höhlen zu bauen. Mit 16 ha ist das Gelände groß genug, dass sich die Bären vor den Menschen zurückziehen können. Sie sollen hier nicht zur Schau gestellt werden, im Vordergrund steht der Schutz dieser Tiere. Um naturgegebene Lebensbedingungen zu simulieren, verstecken die Tierpfleger das Futter im Gehege und entwickeln immer neue Ideen, um spielerisch Intelligenz und Geschick der Bären zu fördern. Neuankömmlinge werden im Eingewöhnungsgehege ganz allmählich mit ihrer neue Bewegungsfreiheit vertraut gemacht.

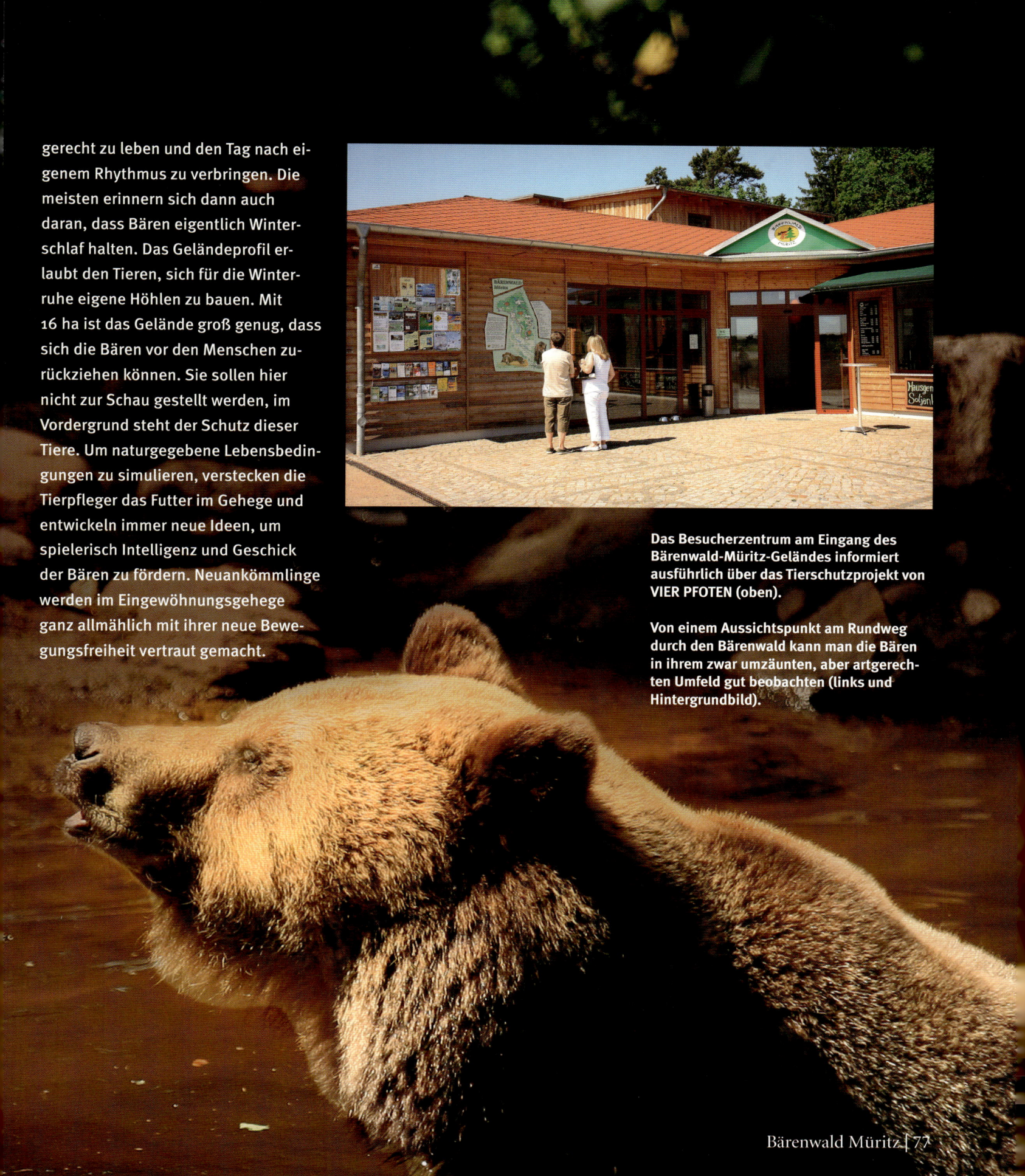

Das Besucherzentrum am Eingang des Bärenwald-Müritz-Geländes informiert ausführlich über das Tierschutzprojekt von VIER PFOTEN (oben).

Von einem Aussichtspunkt am Rundweg durch den Bärenwald kann man die Bären in ihrem zwar umzäunten, aber artgerechten Umfeld gut beobachten (links und Hintergrundbild).

Bärenwald Müritz | 77

Mitten im Seenland – die Müritzregion

Das Gebiet um die Städte Waren, Röbel und Malchow bildet das eigentliche Herz der mecklenburgischen Großseenlandschaft. In seiner landschaftlichen Vielfalt wird es kaum von einem anderen Landstrich in dem Gebiet übertroffen.

Die Müritz gilt mit 116,8 km² Wasserfläche als größter Binnensee Deutschlands. Sie ist 28 km lang und bis zu 13 km breit. Ein englischer Reisender schwärmte schon 1891 von der „blauen Weite der Königin der deutschen Seen". *Morcze*, „Kleines Meer", so nannten schon die Slawen vom Stamm der Müritzer *(Morici)* den See, der hier bereits im Jahr 1150 erwähnt wurde. Mittelsteinzeitliche Funde wie der Wohnplatz beim Stinthorst vor Waren zeugen jedoch von einer weitaus früheren Besiedlung des Müritzgebiets. Eine etwa 3000 Jahre alte Siedlung wurde 2009 auf dem Nesselberg freigelegt. Funde aus der jüngeren Bronzezeit konnten u. a. in der Nähe des Warener Seebades geborgen werden. Vor 2000 Jahren siedelten die Germanen an der Müritz. Mit der Völkerwanderung kamen die zur westslawischen Stammesgruppe der Obotriten gehörenden Müritzer in dieses Gebiet und hinterließen Zeugnisse, wie den Burgwall auf einer Insel im Feisnecksee und Siedlungsspuren auf dem Alt Waren.

Ein typischer glazialer Rinnensee ist der Feisnecksee im Südosten von Waren. Er ist fast vollständig von Schilf umgeben und wird durch die Burgwallinsel unterteilt, die man von der einzigen am Nordufer gelegenen Badestelle aus erblickt. Vom slawischen Burgwall auf der Insel ist nur wenig übrig geblieben.

Von der Marienkirche in Röbel sieht man weit über die westliche Müritz. Schilfgedeckte Bootshäuser, ein moderner Wasserwanderrastplatz sowie ein Segler- und Stadthafen verleihen der Kleinstadt ein fast schon maritimes Flair.

Schon Legenden erzählen davon, wie der Mensch Einfluss auf die Gestaltung der Landschaft nahm. So soll es anstelle der Müritz einst sieben kleine Seen gegeben haben, umgeben von gottgeweihten Bäumen. Doch haben Fremde diese Bäume gefällt. Als sie sich aber dem größten und stärksten näherten, tat sich ein Quell auf, dessen Wasser nach allen Seiten hin strömte, bis alle sieben Seen vereinigt waren.

Tatsache ist, dass der Mensch die Müritz, die geologisch gesehen eine eiszeitliche Kombination aus Rinnen- und Eisstausee, aus Schmelzwasserrinne und ausgehobelten Vertiefungen ist, verändert hat. Deutsche Siedler machten das Land seit dem 11. Jh. urbar, sie bauten Wassermühlen, veränderten und stauten Bachläufe, was immer wieder Auswirkungen auf den Wasserspiegel der Müritz hatte. 1273 beispielsweise ließ Ritter Nikolaus von der Werle nahe der Boeker Mühle einen Kanal von der Müritz zum heutigen Caarpsee anlegen, wodurch erstmals die natürliche Wasserscheide zwischen Müritz und Havel durchbrochen wurde und es auch zu einer Absenkung des Wasserspiegels kam. Durch einen Stau im 17. und 18. Jh. drohte „das Land abzusaufen", wie es in einer Anklageschrift der Anwohner hieß.

Die Slawen nannten die heutige Müritz „Morcze" – „Kleines Meer".

Durch den Ausbau der Müritz-Elde-Wasserstraße verlor die Müritz wiederum rund 50 km² ihrer Fläche und erreichte das heutige Niveau von etwa 62 m über dem Meeresspiegel. Etliche der kleinen Seen, die heute als eigenständige Gewässer im östlichen Uferbereich im Nationalpark Müritz liegen, waren bis zur Absenkung des Wasserspiegels Teil der Müritz. Es bildeten sich ausgedehnte Bruchwälder, dazwischen weite Verlandungszonen. Durch den Bau der Kanäle änderte der Mensch auch die Entwässerungsrichtung der Müritz, die heute statt nur über Elbe und Elde auch über den Bolter und den Mirower Kanal über die Havel und die Elbe in die Nordsee erfolgt.

Waren – Heilbad am „Kleinen Meer"

Als das Warener Verkehrsamt auf der Leipziger Werbeausstellung im März 1937 mit dem Motto „Baden – Wandern – Wasserfahren – nirgends schöner als in Waren" warb, war die Stadt an der Müritz längst Ferien- und Ausflugsziel. Seit der Mitte des 19. Jh. lockte der See Sommerfrischler an. Auch der mecklenburgische Dichter Theodor Fontane liebte Ort und Landschaft so sehr, dass er versuchte, vor allem die Berliner auf „dieses prächtige Stückchen Erde aufmerksam zu machen". Die Müritz war für ihn „so was wie ein Meer, wie der Victoria-Njanza oder der Thanganjika".

Gerne auch als „Interlaken des Nordens" bezeichnet, ist Waren das touristische Zentrum der Mecklenburgischen Seenplatte und seit 2012 anerkanntes Soleheilbad. Für das Kurzentrum auf dem Nesselberg wird in der geothermischen Anlage auf dem Papenberg Thermalsole aus 1550 m Tiefe gewonnen. Auf einer Landzunge zwischen dem Tiefwaren, der Binnenmüritz und dem Feisnecksee gelegen, ist Waren aber vor allem ein viel besuchtes Wassersportrevier. Jedes Jahr im Mai zieht die Müritz Sail mehr als 60 000 Besucher an. Jedoch sollte man die Tücken der Müritz nicht unterschätzen. Bei plötzlichem Nordostwind schäumt sie mit kurzen, steilen Wellen auf und kann für kleine Boote gefährlich werden. Inmitten der Seefläche lauern Untiefen. Doch sie sind gekennzeichnet, wie die „Kleine Kuhle" im Süden und im Norden der „Dicke Baum".

Das Stadtrecht wurde Waren vor etwa 800 Jahren vom Werleschen Fürsten Nikolaus I. verliehen. Die Gründungsurkunde ging jedoch verloren. Anhand von Bauholz, das bei Ausgrabungen in der Innenstadt freigelegt wurden, datiert man Warens Entstehung heute auf das Jahr 1220. Bereits

Eine Hafenpromenade, die in einen liebevoll gestalteten Uferbereich übergeht, flankiert den Warener Stadthafen. Originelle Akzente setzen dort die fast lebensgroßen Holzstatuen.

Der historische Stadtkern von Waren ist seit 1991 sorgsam saniert worden und präsentiert sich seither von seiner schönsten Seite. Von der Marienkirche blickt man weit über die Stadt bis zur Müritz, wo die im 14. Jh. erbaute Kirche St. Georg wacht.

80 | Mecklenburgische Seenplatte

1230 gehörte Waren zu den bedeutenderen Orten in Mecklenburg. Erhalten blieben aus dieser Zeit nur der Feldsteinchor und die Sakristei der Marienkirche mit ihren romanischen Stilelementen. Vermutlich gehörten diese Mauern noch zur ehemaligen Burgkapelle. 1292 bescheinigte Fürst Nikolaus II. von Mecklenburg-Werle der Stadt Waren das Eigentum über den „Wahrenschen Wold" östlich der Müritz. Um 1325 verschmolz die Siedlung der Handwerker und Händler um die Georgenkirche mit der Burgsiedlung. Durch den Teilvertrag zwischen Nikolaus III. und Bernhard von Werle-Güstrow erlebte Waren 1347 als Residenz der jüngeren Linie des Hauses Werle im Mittelalter einen Höhepunkt der Stadtgeschichte. Doch viele Stadtbrände und die Blessuren durch den Dreißigjährigen Krieg machten Waren wieder zu einer weniger bedeutenden Kleinstadt. Nach dem letzten großen Stadtbrand von 1699 musste die Stadt auf dem mittelalterlichen Grundriss weitgehend neu erbaut werden. Die Marienkirche blieb über ein Jahrhundert lang Ruine, erst 1793 erhielt sie wieder ein Dach. Der Innenraum wurde 1789 nach Plänen des Baumeisters und Hofbaudirektors Johann Joachim Busch im klassizistischen Stil saniert. Er setzte um 1800 auf den mittelalterlichen Stumpf zudem den achteckigen Turm mit der mächtigen Haube. Die 54 m hohe Turmspitze der Marienkirche prägt seitdem die Silhouette der Stadt. Auch die Georgenkirche, „de Oll Kerk" am Alten Markt, wurde im 17. Jh. Opfer der Flammen. Sogar die Glocken schmolzen, doch blieb seltsamerweise ein mittlerweile über 600 Jahre altes Kruzifix erhalten. Die dreischiffige Backsteinbasilika wurde erst Mitte des 19. Jh. wieder hergestellt. Dabei erhielt das Mittelschiff ein Kreuzrippengewölbe, die Inneneinrichtung entspricht sonst jedoch dem damaligen Stil der Neugotik.

Am Ende der Kirchenstraße liegt der Neue Markt mit Giebel- und Traufenhäusern aus dem 18. und 19. Jh. Die Marktstraße führt zum Hafen.

Wer mit dem Schiff über die Binnenmüritz Waren ansteuert, wird von der mächtigen Marienkirche begrüßt. Die barocke Turmhaube wurde Ende des 18. Jh. auf die Reste des mittelalterlichen Turms gebaut. Von einer Aussichtsplattform hat man einen schönen Blick über die Stadt.

Mitten im Seenland – die Müritzregion | 81

Die mittelalterliche Marienkirche von Röbel dominiert mit ihrem viergeschossigen neugotischen Turm das beschauliche Städtchen.

Das Langhaus der Röbeler Marienkirche gehört zu den ältesten sakralen Hallenräumen in Mecklenburg. Der frühgotische Bau wurde bereits 1226 begründet.

Durch die Kanalisierung der Elde im beginnenden 19. Jh. erfuhren Handel und Gewerbe einen spürbaren Aufschwung. Der Schifffahrtsweg zu Havel und Elbe machte die Hafenstadt Waren zum wichtigen Umschlagplatz für die landwirtschaftlichen Produkte der Müritzregion. Schließlich beförderten auch der Chausseebau und wichtige Eisbahnverbindungen den Ort in der zweiten Hälfte des 19. Jh. zum wirtschaftlichen und politischen Zentrum der Region. Doch die Bedeutung des Fremdenverkehrs lag zu Beginn des 20. Jh. weit über jener der sonstigen gewerblichen Entwicklung. Der Warener Hafen verlor Ende der 1970er-Jahre seine Bedeutung. Erst seit 1991 wurde er schrittweise erneut ausgebaut und ist heute eine bunte maritime Meile. Lagerschuppen und Kornspeicher wurden zu Hotels, Restaurants und Boutiquen umgebaut. Eine Marina bietet zahlreichen Booten Platz.

Röbel an der Müritz – mecklenburgisches Fachwerk und bedeutende Kirche

Der markanteste Punkt der alten Ackerbürgerstadt Röbel am Südwestufer der Müritz ist die Marienkirche mit ihrem hohen Turm. Wer den im 19. Jh. im neogotischen Stil renovierten Turm besteigt, dem liegt eine traumhafte Landschaft aus Wasser und Wiesen zu Füßen. Fußgänger flanieren zum kleinen Stadthafen, der 1840 hauptsächlich für die Verschiffung von Schüttgut und Holz erbaut worden war. St. Marien, eine der frühesten Hallenkirchen Mecklenburgs und architektonisches Zeugnis für den Übergang von der Romanik zur Gotik, steht vermutlich auf einem ehemaligen slawischen Tempelberg. Als Stiftung von Nikolaus dem I., Herr zu Werle, wurde der Bau des Chors um 1235 begonnen und diente der fürstlichen Familie auf der Burg Röbel, deren Bewohnern und der kleinen Altröbeler Gemeinde als

Gotteshaus. Die heute knapp 6000 Einwohner zählende Stadt entstand als Siedlung vor einer der Hauptburgen des slawischen Stammes der Morizaner und gilt als eine der frühen Stadtgründungen von Heinrich Borwin II., einem Urenkel Niklots, des Stammvaters der mecklenburgischen Herzöge. Seit der Sturmflut im Frühjahr 1712 stützen starke Pfeiler den Chor der Kirche. Das Langhaus umgibt ein teilweise aus Feldsteinen gemauerter Sockel, die Traufe säumt ein reich gestaltetes Friesband. Auch die Giebelfelder mit Spitzbogenblenden und die mehrstufigen Portale sind schöne Zeugnisse norddeutscher Backsteinkunst. Der Innenraum, dessen Ausstattung bis auf wenige Ausnahmen neugotisch ist, zeigt ein Stern- und Kreuzrippengewölbe.

Richtung Südosten führt die lange Hauptstraße mit den für mecklenburgische Landstädtchen typischen ein- und zweigeschossigen Fachwerktraufenhäusern zur Neustadt hin. Hier ließen sich ab etwa 1180 niederfränkisch-westfälische Handwerker und Händler nieder. Zunächst wuchs die Neustadt mit der älteren slawischen Burgstadt zusammen, doch dann entbrannte ein über 400 Jahre währender Zwist, genährt durch den Grenzstreit zwischen dem Bistümern Havelberg und Schwerin, der 1252 zur Spaltung der Stadt führte. Die Neustädter grenzten sich von den slawischen, später auch deutschen Bewohnern der Altstadt mit Stadtmauer, Tor und Wallgraben ab und bauten 1261 eine noch höhere Kirche. Erst 1855 fand der Kampf zwischen Alt- und Neustädtern zumindest juristisch ein Ende. Die Trennung der beiden Kirchengemeinden blieb immerhin bis 1999 bestehen. Teile der alten Stadtmauer sind noch in der Mauerstraße und in der Straße Achter de Muer zu sehen.

Wertvolle Naturreservate: Großer Schwerin und Steinhorn

Luftfahrttechnisches Museum Rechlin

Das stille Dorf Rechlin an der Südspitze der Müritz avancierte Mitte der 1930er-Jahre zur Erprobungsstelle der Deutschen Luftwaffe. Schon 1916 hatte das Preußische Kriegsministerium am Ortseingang Rechlin-Nord zum Test neuer Flugzeugprototypen ein Flugfeld angelegt. In der Waffenschmiede der Nationalsozialisten wurden Flugzeuge von Focke-Wulf, Junkers, Heinkel, Messerschmidt und Dornier getestet. Der Schauspieler Heinz Rühmann drehte hier seine Kapriolen, als er 1941 seine militärische Grundausbildung erhielt. Auch die Überführungsfliegerin Beate Uhse soll gelegentlich in Rechlin gelandet sein. Die erste deutsche Flugzeugführerin Hanna Reitsch arbeitete als Versuchspilotin. Nach dem Zweiten Weltkrieg quartierte sich bis 1993 die Sowjetarmee mit etwa 4000 Soldaten in Rechlin ein. Die NVA baute ein Nachrichtenlager auf. Nach dem Ende der DDR eröffnete auf dem ehemaligen Fluggelände das Luftfahrttechnische Museum Rechlin.

Vor der Absenkung des Wasserspiegels der Müritz war der Große Schwerin noch eine bewaldete Insel, doch Schwankungen des Müritz-Seespiegels ließen bis zu 200 m breite Terrassen um die Geschiebemergelkerne entstehen. Als sich schließlich eine Landbrücke entwickelte, wurde der Wald gerodet. Den nördlichen Teil nutzte man nun für Ackerbau, in der Mitte der Halbinsel wurde Torf abgebaut und der südliche Teil als Viehweide genutzt. Später diente die ganze Halbinsel als Viehweide, ab 1960 vornehmlich als Jungviehweide. Noch heute sorgt eine Mutterkuhherde für die Beweidung und den Erhalt der offenen Landschaft. Der Große Schwerin liegt etwa 3 km

Mitten im Seenland – die Müritzregion

Die Halbinsel Großer Schwerin ragt weit in die Müritz hinein. Sie wurde bereits in den 1930er-Jahren Naturschutzgebiet (ganz oben).

Im Naturschutzgebiet Großer Schwerin wachsen seltene Orchideen wie das streng geschützte Breitblättrige Knabenkraut. Es kann bis zu 40 Einzelblüten an einem Blütenstand hervorbringen (oben).

nordöstlich von Röbel bei der Ortschaft Gneve. Da sie nur im Rahmen einer naturkundlichen Führung betreten werden darf, kann man alternativ die Gnever Kiesgrube für einen Ausblick auf den Großen Schwerin nutzen. Das feuchte Grünland der Müritzterrassen ist von Flutrasen, Strandwällen und Tümpeln durchzogen. Im Spätsommer sammeln sich bis zu 7000 Graugänse in der Zähnerlank, einer flachen Bucht zwischen dem Großen Schwerin und der noch immer bewaldeten Halbinsel Steinhorn. Dieses insgesamt 415 ha große Naturschutzgebiet in der südwestlichen Müritz ist auch Sammelplatz für Bless- und Saatgänse, zunehmend fliegen auch Kraniche das seichte Gewässer an. Als Brutgebiet haben es viele Vogelarten entdeckt, etwa Kiebitz, Bekassine, Flussregenpfeifer, Flussseeschwalbe und verschiedene Entenarten. Auf den feuchten Wiesen blühen unzählige Orchideen verschiedener Arten. Da wachsen u. a. das seltene Breit- und das Steifblättrige Knabenkraut mit bis zu 60 000 Exemplaren. Bis zu 1400 Sumpf-Sitter- und 900 Sumpf-Enzian-Pflanzen haben die Naturschützer gezählt. Verbreitet sind auch Sumpf-Herzblatt, Echtes Tausendgüldenkraut und Sumpf-Glanzkraut.

Ein „mustergültiger" mecklenburgischer Gutshof

Das Gutshaus Ludorf ist eines der schönsten Beispiele für den Erhalt eines authentischen mecklenburgischen Landadelssitzes. 1698 vom Oberkammerjunker Adam Levin von Knuth erbaut, Minister am Hofe des dänischen Königs Christian V. und dessen engster Ratgeber, hat es seine ursprüngliche

Gestalt trotz teilweise widriger Zeitläufte, die Verfall und Fremdnutzung mit sich brachten, im Stil der dänischen Klinkerrenaissance bewahrt. Ein Glücksfall, dem man sowohl dem bis zu anderthalb Meter dicken Backsteinmauerwerk als auch dem Umstand zuschreibt, dass das Ludorfer Gutshaus sowie Schloss Ulrichshusen schon 1946 auf Befehl der sowjetischen Militäradministration vor dem Abriss bewahrt wurden.

Für das Fundament wurden die Granitsteine der alten Burg Morin benutzt. Der Name Morin gehört zu einem begüterten Geschlecht, das vermutlich mit Heinrich dem Löwen im Zuge der Christianisierung ins Land gekommen war. Wipert von Morin ließ auch die achteckige Ludorfer Patronatskirche nach dem Vorbild der Kirche vom Heiligen Grab in Jerusalem erbauen. Am 8. Mai 1346 wurde die Kirche zu Ludorf durch den Bischof Burkhard von Havelberg zu Ehren der Heiligen Jungfrau Maria und des heiligen Märtyrers Laurentius geweiht. Das Gutshaus Ludorf, auf einer Halbinsel in der Müritz gelegen, gehört heute Manfred und Keril Achtenhagen, die ihm auch die Seele als mecklenburgisches Gutshaus zurückgaben. Wer ein Zimmer in dem als Hotel genutzten Haus bucht, kommt zu Besuch, so wie es einst Sitte auf Gutshöfen war, denn die neuen „Gutsherren" empfinden sich „als Teil des Hauses". Das ist wie eine Zeitreise in eine entschleunigte Welt, der sich auch die Gutshof-Küche mit ihrer Slowfood-Philosophie anpasst. Ein Spaziergang durch den englischen Landschaftspark führt zum kleinen Bootshafen am Müritzstrand.

Der historische Gutshof Ludorf am südwestlichen Ufer der Müritz ist eines der ältesten Herrenhäuser von Mecklenburg und dient heute als Hotel und Tagungsstätte.

Einzigartig ist die aus dem 12. Jh. stammende Oktogonkirche, die von dem Kreuzritter Wipert von Morin erbaut wurde und der Grabeskirche von Jerusalem nachempfunden ist.

Mitten im Seenland – die Müritzregion | 85

Das Müritzeum

Ein Natur-Erlebniszentrum am Seeufer

Der eigenwillige, mit angekohltem Lärchenholz verkleidete Neubau des schwedischen Star-Architekten Gert Wingårdh am Warener Herrensee ist ein moderner Höhepunkt in der naturhistorisch-musealen Tradition der Stadt.

Bereits 1866 gründete Hermann Freiherr von Maltzan, Rittergutsbesitzer, Naturforscher, Sammler und Schriftsteller in Waren, das „Von Maltzan'sche Naturhistorische Museum für Mecklenburg". Der frühe Bestand, der gemeinsam mit dem ersten Museumsleiter Carl Struck zusammengetragen worden war, bildet den Grundstock der nunmehr an die 280 000 Objekte umfassenden Sammlung. Das „Haus der Sammlungen" zeigt als Standort der Naturhistorischen Landessammlungen für Mecklenburg-Vorpommern mit der Dauerausstellung „Natur im Sammlungsschrank" unter anderem einen präparierten kapitalen Hirsch, einst ein Geschenk des Großherzogs von Mecklenburg-Schwerin Friedrich Franz IV.

In dem im Sommer 2006 eröffneten neuen Gebäude mit einer Ausstellungsfläche von 2000 m² nimmt eine großzügige Aquarienlandschaft einen zentralen Raum ein. Über zwei Etagen erstreckt sich das 100 000-

Der goldene Hecht ist die besondere Attraktion des Müritzeums.

Liter-Aquarium – Deutschlands größtes Süßwasseraquarium – voller silbriger Maränen. Insgesamt werden in 24 Schauaquarien mehr als 40 heimische Fischarten, aber auch Krebse, Sumpfschildkröten, Schnecken, Muscheln und Wasserpflanzen vorgestellt. Seit 2012 schwimmt darin sogar ein goldener Hecht. Der Fisch, der durch einen Gendefekt ein goldfarbenes Schuppenkleid trägt, ging einem Fischer im Malchiner See in die Reuse.

Einblicke unter und über Wasser

Ein fantastisches Wassertheater gewährt den Blick unter die Wasseroberfläche des zu zwei Dritteln in den Herrensee hineinragenden Gebäudes. Hier schwimmen bis zu 20 kg schwere Spiegelkarpfen. Eine über 20 m lange Aquarienanlage simuliert einen Flusslauf von der Quelle bis zur Mündung. 12 weitere Becken zeigen das Leben in Stillgewässern. Neben den Aquarien bilden auch die Ausstellungsbereiche „Wald", „Moor" und „Vogelwelt" interessante Einblicke in die regionale Flora und Fauna. Im Vogelsaal laden Amsel, Drossel, Fink und Star zum Vogelkonzert. Und was im Wald geschieht, wenn Rothirsch, Wildschwein und Igel erwachen, lässt sich mithilfe einer Taschenlampe im Nachtraum erkunden.

Die vorbildlich gestalteten Aquarien erlauben faszinierende Einblicke in den natürlichen Lebensraum der heimischen Süßwasserfische (oben).

Hintergrundbild: Die schrägen, um 60 Grad geneigten Sichtbetonwände des Museums zeigen deutlich die Spuren der Lärchenbohlen, die bei der Verschalung verwendet wurden, und spielen auf die alte mecklenburgische Tradition des Teerschwelens an.

In der Ruhe liegt die Kraft, auch beim Angeln mit Blick auf die Inselstadt Malchow (ganz oben).

Über 18 000 Wasserfahrzeuge passieren jährlich die Drehbrücke in Malchow. Wenn sie sich öffnet, staut sich an Land der Verkehr. Dann haben die Schiffe auf der Müritz-Elde-Wasserstraße Vorfahrt. Inzwischen können flache Boote auch unter der geschlossenen Brücke hindurchfahren (oben).

Eine Seefahrt über die Müritz-Elde-Wasserstraße, die den Plauer See mit der Müritz verbindet, führt auch durch den schmalen, lang gestreckten Petersdorfer See, dessen teilweise unter Naturschutz gestellte Ufer sonst schwer erreichbar sind. Dichter Laubwald umkränzt den rund 1 km² großen See, an dessen Ufer nur wenige, oft rohrgedeckte Bootshäuser stehen. Graureiher, Blesshühner und Stockenten hocken am dichten Schilfrand des anschließenden knapp 2 km langen, als Recken bezeichneten Flussabschnittes der Elde, der vom Petersdorfer See in den Malchower See führt.

Dort muss nun, wer weiter Richtung Fleesensee schippern möchte, ein Schifffahrts-Nadelöhr passieren. Eine Drehbrücke führt von der auf einer Insel im Malchower See liegenden Altstadt von Malchow in die Neustadt, die ab 1721 am nordwestlichen Ufer entstand. Beide Stadtteile wurden zunächst durch eine Holz-, dann durch eine Hub- und später durch eine stählerne Drehbrücke verbunden. Seit 2013 überspannt ein 120 t schwerer und rund 6,8 Mio. Euro teurer Neubau an dieser Stelle den Malchower See. Die neue Konstruktion, immerhin etwa 7 Mio. Euro teuer, ist etwas höher ausgefallen als ihre Vorgängerin, sodass kleinere Schiffe nunmehr ungehindert unter der Drehbrücke hindurch fahren können. Für größere Schiffe wird sie unter den Blicken vieler Schaulustiger stündlich geöffnet. Ohne die Brücke müssten die Malchower einen Umweg von fast 20 km fahren.

Neues Leben im Kloster Malchow

Der etwa 1 km breite und bis zu 4 km lange Malchower See, eine Ausbuchtung des Fleesensees, gehört mit seinen insgesamt etwa 2,5 km² zu den kleineren Seen der Mecklenburgischen Seenplatte. Großartig schmückt sich sein östliches Ufer mit der Silhouette der Klosterkirche Malchow. 1298 kamen die ersten Nonnen aus dem Orden der Büßerinnen der Heiligen Maria Magdalena von Röbel nach Malchow und boten „gefallenen Mädchen" Unterschlupf. Noch im 14. Jh. traten die Nonnen den Zisterziensern bei. Nach der Reformation zogen adelige Töchter ein, „[…] zu christlicher ehrbarer Auferziehung der inländischen Jungfrauen, so sich darin zu begeben Lust hätten". 1972 starb mit Gertrud von Lücken die letzte Domina (Vorsteherin) des Malchower Klosters. Sie fand ihre letzte Ruhestätte auf dem nahe gelegenen Klosterfriedhof.

Die Klosterkirche entstand von 1844 bis 1849 nach Plänen des damaligen Neustrelitzer Landesbaumeisters Friedrich Wilhelm Buttel. Allerdings verheerte 1888 ein Feuer den Bau bis auf den Turm und die Außenmauern. Unter dem Geheimen Oberbaurat Georg Daniel wurde sie in den folgenden beiden Jahren im neogotischen Stil wieder aufgebaut. Seit 1997 befindet sie sich im Besitz der Stadt Malchow, die sich darum bemüht, das sanierungsbedürftige Klosteranwesen wieder zu beleben. Auch wurde unter der Obhut der Deutschen Stiftung Denkmalschutz die Stiftung Kloster Malchow gegründet. 2001 konnte ein Backsteingebäude aus dem Jahr 1847 als Wohnhaus vorwiegend für junge Familien saniert werden. Für die übrigen Gebäude ist eine kombinierte Nutzung für Kultur- und Wohnzwecke vorgesehen. So kann man bereits im ehemaligen Refektorium Gemälde, Zeichnungen und Druckgrafiken regionaler Künstler sehen. Die Galerie Regionaler Künstler im Kulturzentrum Kloster Malchow zeigt in einer ehemaligen Wohnung der Stiftsdamen am Ende des Kreuzgangs u. a. den Nachlass des Malchower Künstlers Rudolf Gahlbeck (1895–1972). Zwischen der Klosteranlage auf dem Festland und der malerischen Insel-Altstadt, deren Bauten auf in den schlammigen Boden getriebenen Pfählen errichtet wurden, entstand erst im 15. Jh. eine feste Verbindung. Die 230 m lange Holzbrücke wurde im Dreißigjährigen Krieg von den Schweden zerstört. Lange Zeit mussten die Malchower eine Fähre für die Überquerung des Sees benutzen. 1846 wurde ein Erddamm aufgeschüttet, der noch heute den Klosterbereich am östlichen Ufer mit der Inselstadt verbindet.

Kostbarkeiten im Orgelmuseum Malchow

Sieben Orgeln erfüllen mit ihrem Klang den Innenraum der Klosterkirche, die nicht nur Ort für Trauungen und Konzerte, sondern auch Ausstellungsraum des Mecklenburgischen Orgelmuseums ist. Auch das ehemalige Pfarrhaus bewahrt Instrumente aus Mecklenburg, gleichzeitig informiert es über 2000 Jahre Orgelgeschichte. Gründer und Direktor des Museums ist der Orgelbauer und Kirchenmusiker Friedrich Drese. Das älteste Sammlungsstück mecklenburgischer Orgeltradition ist ein Orgelgehäuse aus dem 17. Jh., die älteste spielbare Orgel stammt aus dem Jahr 1865. Das Instrument, das 1890 von Friedrich Friese für die Klosterkirche gebaut wurde, zählt zu den wertvollsten romantischen Orgeln in Mecklenburg. Die Orgelbaufamilie Friese prägte über vier Generationen entscheidend die Orgelkultur in diesem Land. Das Modell einer mechanischen Schleifladenorgel demonstriert, wie solch ein Instrument funktioniert.

Den besonderen Charakter der Großseenplatte erlebt man am eindrucksvollsten bei einer Seenrundfahrt vom Malchower See zum Fleesensee und über den schmalen Fleesenkanal weiter bis zum Kölpinsee.

Der lange als Waldweide genutzte Damerower Werder bietet heute einer Herde von 30 Wisenten einen geschützten Lebensraum.

Fleesensee und Kölpinsee – zwei gegensätzliche Gewässer

Am Stadthafen vom Malchow vorbei gelangt man bald zum über 1000 ha großen Fleesensee. Mit seiner bis zu 300 m vom Ufer weg reichenden Stehtiefe ist der durchschnittlich 6 m tiefe See ein ideales Revier für Windsurfer, Segler und Kitesurfer. Auch seine zentrale Lage inmitten der Großseenlandschaft macht ihn für Wasserwanderer attraktiv. Am östlichen Ufer wächst sumpfiger Bruchwald, Hügel rahmen das Nord- und Südufer. Die nahe Stadt Malchow im Südwesten ist von der Wasserseite her ebenso wenig zu sehen wie das Dörfchen Silz, die Ferienhaussiedlung und der Campingplatz im Nordwesten. Der Strand und das Hotel im Südosten gehören zur Ferien- und Freizeitanlage Land Fleesensee, die auch eine große Golfanlage bietet.

Die Müritz-Elde-Wasserstraße führt im Osten des Fleesensees weiter durch den Fleesenkanal zum Kölpinsee, dessen Name sich vom slawischen *colpa* („Schwan") herleitet. Dieser siebtgrößte See der Mecklenburgischen Seenplatte liegt abseits größerer Siedlungen. Die 20 km² große Wasserfläche ist von dichten Laubwäldern umgeben. Am Südufer des Sees befindet sich ein 164 ha großes Naturschutzgebiet mit dem bemerkenswerten Namen Blüchersches Bruch und Mittelplan. Es handelt sich um ein bewaldetes

90 | Mecklenburgische Seenplatte

Moorgebiet, in dem viele Vogelarten leben und der Fischotter sich heimisch fühlt. Fast genau am gegenüberliegenden Ufer befindet sich das 777 ha große Naturschutzgebiet Damerower Werder, eine Halbinsel, die nordwärts vom Jabelschen See begrenzt wird. Ein Kanal verbindet die beiden Seen.

Im Herbst dienen die Flachwasserbereiche des Kölpinsees über 1000 Kranichen als Schlafplatz. Auch viele Blässrallen, Reiherenten und Gänse rasten hier, Fisch- und Seeadler finden Nistplätze und Nahrung. Kiefern, Rotbuchen und Eichen beschatten den Damerower Werder. Nur im Bereich eines Geheges, das der Förderverein Wisentzucht betreibt, bewahren 30 zottige Wisente, die auf einem 320 ha großen Gelände leben, den Hutewaldcharakter, der früher weithin vorherrschend war. Im Sommer bietet ihnen die Halbinsel Gräser, Kräuter, Knospen, Zweige, Baumrinden und Flechten; im Winter werden Heu, Kraftfutter und Rüben zugefüttert. Während der Fütterungen im Schaugatter kommt man auf dem Damerower Werder den imposanten urtümlichen Rindern ganz nah. Die Eltern dieser Wisente kamen im Jahr 1957 aus dem polnischen Reservat Niepołomice südöstlich von Krakau. Als 1923 Zoologen in Frankfurt am Main die Internationale Gesellschaft zur Rettung des Wisents gründeten, gab es von der vom Aussterben bedrohten Population der europaweit größten Landtiere nur noch 54 Exemplare in Gefangenschaft. Heute leben von den etwa 3000 weltweit wieder existierenden Wisenten ca. 1800 in freier Wildbahn.

Der von Wald und Schilfröhricht umgebene Kölpinsee ist Teil der Müritz-Elde-Wasserstraße (ganz oben).

Die vorläufig letzten frei lebenden Wisente wurden 1919 im polnischen Urwald von Bialowieza erlegt. Heute sorgt unter anderem das Wisentgehege auf dem Damerower Werder wieder für Nachwuchs (oben).

Mitten im Seenland – die Müritzregion | 91

Das wilde Herz der Region – der Müritz-Nationalpark

Wasser ist das Lebenselixier des Müritz-Nationalparks. Über 107 Seen kreisen Fisch- und Seeadler, Kraniche rasten dort auf ihrem Zug nach Süden. Im Schilf singen Rohrsänger und Schwirle, der Balzruf des Rohrdommelmännchens klingt dumpf wie das Nebelhorn ferner Schiffe.

Der stark verschilfte Specker See liegt inmitten eines renaturierten Moorgebiets am Ostufer der Müritz und bietet zahlreichen Wasser- und Watvögeln ein Refugium.

Zusammen mit dem 500 ha großen Uferstreifen der Müritz nehmen die Seen im Müritz-Nationalpark insgesamt eine Fläche von 4100 ha ein, das entspricht 13 % der gesamten Nationalparkfläche. Der Müritz-Nationalpark ist auch Quellgebiet der Havel und der Ostpeene, doch spielen natürliche Fließgewässer mit den Abschnitten der oberen Havel, des Bolter Kanals und des Godendorfer Mühlenbachs insgesamt nur eine untergeordnete Rolle. Hinzu kommen noch rund 43 km künstliche Gräben. Die angelegten Teiche bei Boek mit einer Gesamtfläche von 90 ha dienen als Fischteiche, hier tummeln sich vor allem Karpfen, Welse und sogar Störe. Die Seen allerdings, von ganz unterschiedlicher Gestalt, sind die Seele des Nationalparks. Mit einer Tiefe von 1 bis 12 m sind es zumeist eher seichte bis mäßig tiefe Gewässer. In flachen Mulden von Endmoränen schimmern Himmelsseen; so nennt man die Gewässer, die einzig vom Regenwasser gespeist sind. In der südlich angrenzenden Sanderlandschaft kommen vor allem nährstoffarme, kalkreiche Durchströmungs- und Quellseen vor, sie werden vom Grundwasser versorgt. Sie sind der Lebensraum von Laichkräutern, Tausendblättern sowie Armleuchteralgen, die heute recht selten sind, weil sie auf nährstoffarme klare Seen angewiesen sind, die es kaum noch gibt. Wasserschlauch fängt unter der Wasseroberfläche winzige Krebse, darüber blühen Teich- und Seerosen, und der Igelkolben reckt seine stacheligen Früchte empor.

Im Süden des Feisnecksees werden die trockenen Uferhänge von lichtem Kiefernwald eingenommen.

Durch frühere Eingriffe des Menschen wurde der Wasserhaushalt zahlreicher Gewässer immer wieder verändert. Belege dafür gibt es schon seit der Zeit der Einwanderung deutscher Siedler im 12. Jh. Weite Flächen wurden für die Landwirtschaft nutzbar gemacht, Wasserläufe wurden gestaut, begradigt oder umgeleitet, um Holz flößen oder Wassermühlen betreiben zu können.

Seit 1990 gibt es den Müritz-Nationalpark, der zu mehr als zwei Dritteln von Wald eingenommen wird.

Der Müritz-Nationalpark besteht aus zwei großen Schutzflächen, getrennt durch einen Korridor, in dessen Mitte Neustrelitz liegt. Im 260 km² großen, an die Müritz grenzenden westlichen Teil dominieren Kiefernwälder und weite Niedermoorgebiete. Am Ostufer der Müritz röhrt der Rothirsch. Von insgesamt 14 in Mecklenburg-Vorpommern beheimateten Amphibien wurden bisher 11 für das Nationalparkgebiet nachgewiesen. Zu den größten Seen im Westteil des Nationalparks zählen der Useriner See (372 ha), der Käbelicksee (261 ha), der Woterfitzsee (290,2 ha), der Specker See (234,8 ha), der Rederangsee 202,5 ha) und der Feisnecksee (168,1 ha). Im 62 km² großen Gebiet um Serrahn, dem anderen Nationalparkteil, wächst alter Tieflandbuchenwald auf eiszeitlichen Sandern. Der Wald wurde 2011 zum

Das wilde Herz der Region – der Müritz-Nationalpark

Weltnaturerbegebiet erklärt. In kalkreichen Klarwasserseen schwimmen Stint, Steinbeißer und die für diese Seen charakteristische Kleine Maräne. Zu den tiefsten Seen zählen der Große Fürstenseer See mit einer Tiefe von maximal 25 m, der durch drei Halbinseln gegliederte, 31 m tiefe Schweingartensee sowie der Zwirnsee, der eine Tiefe von 17,50 m aufweist. Die Havel entspringt am nördlichen Rand des Müritz-Nationalparks bei Ankershagen. Sie wird im gesamten Verlauf immer wieder durch Wehre und Schleusen reguliert, daher werden auf diese Weise – wie bei der Müritz auch – viele Seen indirekt in ihrem Wasserstand geregelt.

Wiederbelebt: der Schweingartensee

Geheimnisvoll mutet der dunkle 72 ha große und durch drei Halbinseln gegliederte Schweingartensee an, ein Braunwassersee inmitten einer magisch wirkenden Moorlandschaft. Die Wälder in den Ufern entwickeln sich ungestört. Umgestürzte Buchen vermodern an den infolge der Wiedervernässung überfluteten Uferzonen. Die Renaturierung dieses Kesselsees in der Nähe von Serrahn ist Teil des Programms zur Wiederherstellung des natürlichen Wasserhaushalts der Seen im Müritz-Nationalpark – ein Gebiet, das durch eine lange Siedlungs- und Nutzungsgeschichte gekennzeichnet ist.

Schon die deutschen Siedler griffen u.a. durch den Bau von Wassermühlen in den Gewässerhaushalt ein. Einst gab es acht solcher Mühlen im heutigen Nationalparkgebiet. Damit sich die Mühlräder auch beständig drehten, musste zuverlässig fließendes Wasser zugeführt werden. So wurden abflusslose Seen an die Vorflut angeschlossen oder miteinander verbunden und Moore entwässert. Auch unterhalb des Schweingartensees stand bis 1954 eine Mühle, für deren Antrieb an der Südspitze des von Natur aus abflusslosen Sees ein Graben angelegt worden war. Zudem wurden nahezu alle umliegen-

Seinen Namen erhielt der Schweingartensee in Zeiten, da hier noch das Vieh zur Weide in den Wald getrieben wurde.

den Moore an den See angeschlossen. Verheerend hatte sich in den 1970er-Jahren die Kultivierung der Moore auf den Wasserhaushalt ausgewirkt. Im Sehrraner Gebiet waren schließlich 400 von insgesamt 470 ha Moor mehr oder weniger stark trocken gelegt. Bis heute wurden im Müritz-Nationalpark 127 Moore mit einer Fläche von rund 1900 ha wiedervernässt. Durch Verschließen oder Verlagern künstlicher Abflüsse befinden sich inzwischen wieder 31 Seen mit insgesamt ca. 1430 ha in einem Gleichgewicht der Wasserzufluss- und -abflussmengen.

Schwanenballett mit Gesang am Ostufer der Müritz

„Wenn ein Schwan singt, lauschen die Tiere", heißt es in dem Karat-Hit vom *Schwanenkönig*. Mit tiefem, nasalem Posaunenklang klingt das Konzert der Singschwäne über die Müritz. Ist das Wasser eisfrei, kann man diese Wintergäste aus Skandinavien mitunter hundertfach über den See ziehen sehen, oft auch in Begleitung von Zwergschwänen. Eine gute Zuschauerbühne für solch ein „Schwanenballett mit Gesang" sind im Müritz-Nationalpark die Beobachtungspunkte Schnakenburg südlich von Waren und Doppelkiefergraben bei Boek. Singschwäne sind auf den ersten Blick leicht mit dem Höckerschwan zu verwechseln, doch sind sie mit einer Körpergröße von etwa 1,50 m, einer Flügelspanne von nahezu 2 m und einem Gewicht von 7–12 kg etwas kleiner und leichter. Außerdem trägt *Cygnus cygnus*, so sein lateinischer Name, keinen Höcker auf seinem gelben Schnabel, und sein Kopf sitzt gerade und nicht auf einem S-förmig gebogenen Hals wie beim Höckerschwan.

Das Ostufer der Müritz mit seinen vorgelagerten Seen, zu denen u. a. die drei nährstoffreichen, mit durchschnittlich nur etwa 2 m Wassertiefe ziemlich flachen Specker Seen und der 8 m tiefe Woterfitzsee zählen, wurde wegen der günstigen Bedingungen als Brut-, Nahrungs-, Rast- und Überwinterungsgewässer für zahlreiche Wasservogelarten als Feuchtgebiet von internationaler Bedeutung (RAMSAR-Gebiet) und Europäisches Vogelschutzgebiet (SPA-Gebiet) deklariert. Das Gebiet dient auch Greifvögeln als Brut- und Nahrungsrevier. So sind dank der vielen Seen die Speisekammern der Fischadler immer gut gefüllt. Mit über 60 Fischadlerpaaren weist die Müritzregion die höchste Brutdichte Europas auf, allein im Müritz-Nationalpark zählt man derzeit um die 15 Brutpaare. Einen intimen Einblick in das Familienleben dieser Vögel bekommt man in der Nationalparkinformation in Federow, wo Live-Bilder von einer am Fischadlerhorst installierten Videokamera gezeigt werden. Auch der Aussichtspunkt Adlerblick in Amalienhof hält meist, was er verspricht. Die stets gut bestückten Boeker Fischteiche garantieren gute Vogelbeobachtungen. See- und Fischadler, aber auch Kormorane,

Typischerweise sind Singschwäne nur im Winter zu Gast in Mecklenburg und kehren zur Brutzeit in die osteuropäische oder sibirische Taiga zurück. Doch an der Müritz bleiben einige Paare auch während der warmen Jahreszeit und ziehen ihre Jungen dort auf.

Die gute Tat: Beteiligung an Klimawäldern

Mit rund 72% dominieren Wälder im Nationalpark. Während im Reservat der Wald immer mehr nach seinem eigenen Willen wachsen und sterben darf, haben in Mecklenburg-Vorpommern umweltbewusste Urlauber die Chance, sich mit dem symbolischen Kauf eines Baumes am Entstehen von Klimawäldern zu beteiligen und ihren Urlaub damit CO_2-neutral zu gestalten. Für 10 Euro kann jeweils auf einer Fläche von 10 m² ein Baum gepflanzt werden, der die Kohlendioxidemissionen ausgleicht, die etwa eine vierköpfige Familie in ihren Ferien verursacht – schätzungsweise 200 kg. Schon ein Wald von 700 km² kann jedes Jahr Hunderte Kilotonnen dieses Treibhausgases aufnehmen. Seit 2007 bei Neustrelitz der erste Klimawald Mecklenburg-Vorpommerns begründet wurde, konnten mehr als 50 000 Waldaktien verkauft werden. Insgesamt stehen in Mecklenburg-Vorpommern 13 Klimawälder mit insgesamt 44,5 ha Aufforstungsfläche zur Verfügung. Der größte Teil davon wurde bereits aufgeforstet.

Reiher und zahlreiche Entenarten sind hier anzutreffen. Werden die Teiche im Herbst abgelassen, ist der Tisch für Watvögel reich gedeckt. Im Herbst bis etwa Ende November finden sich auf der Müritz und an den Havelseen bis zu 25 000 Saat- und Blässgänse ein. Auf dem Warnker See, dem Rederangsee und der Müritz rasten auch bis zu 50 000 Reiherenten.

Der sehr flache Rederangsee, eine ehemalige Bucht der Müritz, liegt in einer der Kernzonen des Müritz-Nationalparks, etwa 7 km von Waren entfernt. Der 1,9 km lange und bis zu 1,4 km breite See im Sumpfland am Ostufer der Müritz dient im Herbst bis zu 10 000 Kranichen als Rastplatz. Damit ist er einer der größten Binnenland-Kranichrastplätze in Deutschland.

Auch der Feisnecksee, der von der Müritz nur durch eine 150 m breite Landbrücke getrennt und komplett von einem Schilfgürtel umgeben ist, gilt als Vogelparadies, das auch als Brutgebiet der Großen Rohrdommel von Bedeutung ist. Von rund 600 Brutpaaren in ganz Deutschland lebt etwa die Hälfte in Mecklenburg-Vorpommern. Dieser dämmerungsaktive und stark gefährdete Vogel lebt versteckt im dichten Röhricht und ist meist nur durch seinen merkwürdigen, bis zu 5 km weit vernehmbaren Balzruf des Männchens zu verorten. Einer mecklenburgischen Sage nach ist die Rohrdommel ein vom Pfarrer verwunschener Säufer, der nun ewig sein „n'Rum, n'Rum" rufen muss. Auch am Zotzensee kann man den Ruf des etwa 75 cm großen Reihervogels, der wegen seines Rufs auch „Moorochse" genannt wird, vernehmen. Wie auf allen Seen im Müritz-Nationalpark dürfen auch auf diesem sensiblen Gewässer keine Motorboote fahren. Baden darf man nur an ausgewiesenen Badestellen, wie am Nordufer des etwa 3 km langen und 600 m breiten Feisnecksees, den eine Einschnürung und die darüber liegende größere Burgwallinsel in ein Nord- und ein Südbecken teilt. Wurden im Jahr 1990 noch etwa 91 % der Gewässerfläche im Nationalpark befischt, kann heute noch auf etwa 58 % gefischt und geangelt werden.

Der Müritzhof – Lehrstätte des Naturschutzes

Unweit von Speck steht mit einer Aussichtsplattform in 32 m Höhe der Käflingsbergturm auf einem 100 m hohen Hügel. Es gibt keinen anderen Ort im Nationalpark, der eine so gute Aussicht auf die sanften Höhenzüge über weitläufige Wald- und Wiesengebiete ermöglicht. Unberührt liegen zwei

Rinnenseen, der Kleine und der Große Zillmannsee, am Fuße des Käflingsbergs. Westlich der Käflingsberge, übersandete Moränenzüge alter Eisvorstöße, haben sich durch Absenkung der Müritz der Specker See, der Hofsee und der Priesterbänker See gebildet.

Auch die Müritzterrasse beim Müritzhof ist das Ergebnis der einstigen Absenkung des Wasserspiegels durch die Regulierung von Elde und Havel. Der 300 ha große Landschaftspflegehof ist das Symbol der Naturschutzbewegung am Ostufer der Müritz. Bereits 1931 wurden die Koppeln um den Müritzhof unter Schutz gestellt; 1954 richteten hier die Naturschützer Karl Bartels und Kurt Kretschmann die erste Lehrstätte für Naturschutz in Europa ein, die 1989 an den südlichen Stadtrand von Waren verlegt wurde.

Mit der Ausweisung des Müritz-Nationalparks wurden die heute zum Müritzhof gehörenden Flächen zur Pflegezone. Große Teile des ehemaligen Naturschutzgebiets Ostufer der Müritz bilden nun einen Teil der Kernzone des Nationalparks. Wie vor 200 Jahren weidet dort Vieh; heute sind es hauptsächlich hornlose Fjällrinder, Gotlandschafe und Shetlandponys, die durch Verbiss die artenreiche Hutelandschaft vor der Verbuschung schützen. Seit dem Jahr 1993 werden die Gebäude und Flächen vom Lebenshilfswerk Waren bewirtschaftet, einer Einrichtung zur Betreuung und Förderung von behinderten Menschen.

Mitten in einer intakten Natur zwischen Müritz und Rederangersee liegt der Landschaftspflegehof Müritzhof. Auf den Wiesen weiden Pferde, Schafe und Rinder, in der Gaststätte können Ausflugsgäste leckere Gerichte aus heimischen Produkten genießen (ganz oben).

Da der Müritzhof nicht mit dem Auto angefahren werden kann, dienen Kutschen wie in alten Zeiten als Transportmittel (oben).

Das wilde Herz der Region – der Müritz-Nationalpark | 97

Kranichparadies Seenplatte

Ein eindrucksvolles Naturschauspiel: der Zug der Kraniche

Er gilt als Frühlingsbote, als Göttervogel und Sinnbild für ein langes, glückliches Leben. Auf allen Kontinenten ranken sich Mythen um diesen langbeinigen Vogel, dessen Name womöglich auf seinen lauten trompetenden Ruf, auf sein „krrou, krrou" oder „grus, grus" zurückgeht. Rund 300 000 Kraniche verlassen Skandinavien und wählen alljährlich eine südwestliche Zugroute, auf der sie Deutschland überqueren. Die meisten fliegen nach Frankreich und Spanien. Unterwegs werden sie von den weiten Flachwassergebiete und feuchten Niederungen Mecklenburg-Vorpommerns magisch angezogen, dort gibt es ein reiches Nahrungsangebot.

Der Anblick des bis zu 1,30 m großen silbrigen Vogels mit der auffällig kontrastreichen schwarz-weiß-roten Kopfzeichnung, einem über 10 cm langen Schnabel und dem schleppenhaften Federkleid der Schwingen wirkt exotisch in der norddeutschen Landschaft. Beliebte Rastplätze sind unter anderem die Südwestspitze des Malchiner Sees im Naturpark Mecklenburgische Schweiz und die Langenhägener Seewiesen am Rand des Naturparks Nossentiner-Schwinzer Heide.

Nur mit dem Kranichticket und begleitet von erfahrenen Ornithologen gelangt man im Herbst an den Rederangsee im Müritz-Nationalpark, wo etwa 7000 Kraniche Kraft für ihre lange Reise in die südlichen Überwinterungsgebiete sammeln. Zum Höhepunkt der Kranichsaison Anfang Oktober werden in ganz Mecklenburg-Vorpommern gleichzeitig bis zu 50 000 Vögel erwartet.

Enorme Flugleistung

Auf den abgeernteten Mais- und Getreidefeldern fressen sie sich den nötigen „Winterspeck" an. Vor allem Insekten, Larven, Frösche und kleine Reptilien sind beliebt. Wohl genährt können Kraniche in Extremfällen 2000 km nonstop fliegen, mit einer Geschwindigkeit von 45–65 km/h.

Pünktlich zum Sonnenaufgang gleiten sie majestätisch zur Nahrungssuche auf die Äcker. In der Abenddämmerung kehren sie dann zu ihren Schlafplätzen zurück. Ihr Anflug, begleitet von lautem Trompeten aus ihren Luftröhren, ist ein großartiges Naturschauspiel.

Immer mehr entwickelt sich der Kranich auch zum Touristenmagnet. Gebannt beobachten Vogelliebhaber aus allen Teilen Deutschlands in Schutzhütten den keilförmigen Anflug der eleganten Vögel. Wer sie unterwegs nahe der Landstraße entdeckt, sollte möglichst im Auto sitzen bleiben, denn Kraniche sind scheu, haben „auf jeder Feder ein Auge", wie die Lappländer sagen. Während die Fluchtdistanz zum Menschen 300 m beträgt, kommt man im Auto immerhin bis auf 100 m an sie heran.

Hintergrundbild: Bei Hohendorf können vom sogenannten Kranich-Utkiek aus Kraniche auf Futtersuche beobachtet werden.

Größere Gruppen von Kranichen gehen oft gemeinsam auf Futtersuche (links unten).

Kraniche haben eine große Fluchtdistanz und sind deshalb fast nie aus so großer Nähe zu beobachten (links oben).

Für viele Vogelliebhaber ist das Geräusch fliegender Kraniche Musik in den Ohren. Anfang März kehren die ersten Zugvögel aus dem Süden zurück. In Deutschland brüten heute wieder rund 8 000 Kranichpaare, die meisten davon in Mecklenburg-Vorpommern (oben).

Mecklenburgische Schweiz und Kummerower See

Dem Land der alten Bäume, der Hügel und Herrenhäuser soll 1811 der Erbprinz Georg von Mecklenburg-Strelitz den Namen „Mecklenburgische Schweiz" gegeben haben. Ausschlaggebend dafür waren vor allem die ansehnlichen Endmoränenzüge, die hier für landschaftliche Vielfalt sorgen.

Uralte Eichen, belaubte Baumriesen und solche, deren Äste von den Stürmen der Zeit längst leergefegt wurden, sind charakteristisch für die bewegte Landschaft der Mecklenburgischen Schweiz. Diese Baumveteranen, zumeist Eichen, haben auch jene Zeit überlebt, in denen die Dörfler trotz etlicher landesfürstlicher Verbote ihre Rinder, Schweine, Ziegen und Schafe in den Wald zur Fütterung trieben. Heute geben sie als knorrige Naturdenkmale der Landschaft eine märchenhafte Anmutung. Das Eichenblatt wurde so auch zum Emblem des Naturparks Mecklenburgische Schweiz und Kummerower See, der sich mit seinen Hügeln und Feldern, mit ausgedehnten Niederungen, Wald, Wiesen und kleinen Dörfern über 674 km² erstreckt. Umgeben von den Orten Neukalen, Malchin, Vollrathsruhe und Teterow, schließt er im Westen an das Teterower Becken an und grenzt im Osten mit einem stark

Ein prächtiges Herrenhaus liegt westlich des Malchiner Sees: Burg Schlitz. Der Vorgängerbau wurde 1806 abgerissen, der klassizistische Neubau 1824 fertiggestellt. Liebevoll saniert, mit großzügigem Park und zahlreichen Statuen dient die Anlage heute als luxuriöses Hotel.

abfallenden Gelände an das gut 30 km lange Malchiner Becken. Mit Höhenunterschieden von mehr als 100 m erreicht die Mecklenburgische Schweiz für die norddeutsche Tiefebene bemerkenswerte Höhen. Da sie im Lee der Moränenzüge liegt, regnet es hier mit einer Niederschlagsmenge von maximal 570 mm pro Jahr deutlich weniger als in anderen Gegenden Mecklenburgs. Die Moränenzüge wurden durch Gletscher vor rund 13 000 Jahren „aufgestaucht". Der Schmocksberg mit 127 m und der Schlanke Berg bei Retzow mit 125 m sind dabei die höchsten Erhebungen. Vom 96 m hohen Röthelberg nahe der Burg Schlitz hat man einen weiten Rundblick über Wiesen und Feldgehölze, über Sölle und Seen.

Das Umland des Malchiner Sees bietet viel intakte Natur, und das Vieh grast wie einst unter alten Eichen. Die extensive Weidewirtschaft sorgt für den Erhalt der ursprünglichen offenen Wald- und Wiesen-Landschaft.

Burg Schlitz – klassizistischer Prunkbau

Seit dem Ende der Eiszeit ist die Gegend besiedelt, davon zeugen steinzeitliche Großsteingräber, wie im Hohen Holz bei Teterow und im Uposter Gehege. Die Burgwallinsel im Teterower See sowie die Burgwälle bei Klein Luckow und im Uposter Gehege erinnern an die Slawenzeit. Mit der Christianisierung gründeten deutsche Zuwanderer neue Siedlungen und Städte. Vom 17. bis zum 19. Jh. hatte sich die für Nordostdeutschland typische Siedlungsstruktur herausgebildet. Damals entstanden zahlreiche Herrenhäuser. Eines der prachtvollsten ist Burg Schlitz, die zu den bedeutendsten klassizistischen Bauten Mecklenburgs zählt. In den Jahren 1806–1824 wurde sie im Auftrag von Freiherr von Labes erbaut, der, um eine standesgemäße

Die Eiche ist der Charakterbaum der Mecklenburgischen Schweiz – so manche Baumriesen haben Jahrhunderte überdauert.

Die Uferzonen des nur 2 m tiefen, sehr sauberen Malchiner Sees werden von einer dichten Röhrichtzone eingenommen. Zahlreiche Vögel und Fische fühlen sich hier wohl (ganz oben).

Die in Deutschland stark gefährdete Tüpfelralle, auch Tüpfelsumpfhuhn genannt, findet im Schlamm der Uferzone Insekten, Würmer und Schnecken (oben).

Partie für die Tochter des Reichsgrafen Johann Eustach von Schlitz-Goertz zu werden, von jenem adoptiert wurde. Nach dem Tod des Grafen ging das Anwesen für 100 Jahre in den Besitz der Familie von Bassewitz über. 1932 wurde Dr. Emil Georg von Stauß, u. a. Generaldirektor der Deutschen Bank AG und Vorstand der Ufa-Filmgesellschaft zu Berlin, neuer Besitzer. Mit ihm zog der Jugendstilbrunnen, 1903 von Walter Schott entworfen und einst Blickfang im Innenhof des Berliner Kaufhauses Wertheim, in die mecklenburgische Provinz. In den letzten Kriegstagen Notunterkunft und Lazarett, später eine Schule, diente das Haus zu DDR-Zeiten als Pflege- und Seniorenheim. 1990 wurde die Burg aufwendig zum Schlosshotel umgebaut.

Der Schlosspark verdient Aufmerksamkeit: Viele Baumriesen, wie die 500-jährige Eiche und die über 180 Jahre alten Blutbuchen, haben dort die Jahrhunderte überdauert. Zudem geben zahlreiche Denkmäler Denkanstöße. Steinsetzungen und kleine Bauwerke, wunderliche behauene und unbehauene Findlinge, Obelisken und Säulen sind überall im Grün versteckt. Sie stammen aus der Zeit von Hans Graf von Schlitz, der sich rund um die Burg mit bedenkenswerten Botschaften für seine Lieben und die Nachwelt verewigte. „Wünsche wenig, wirke viel" – das war seine Lebensphilosophie.

Reiches Vogelleben am Malchiner See

Tausende nordischer Entenvögel rasten im Herbst und Frühjahr am Malchiner See, zumeist Haubentaucher und Pfeifenten. Zuweilen schwimmen auch Weißwangengänse über das mehr als 8 km lange und über 2 km breite Gewässer. In Mooren und Bruchwäldern brüten Kraniche. Das Becken des

Malchiner Sees liegt in einer ehemals großen, von Nordosten nach Südwesten verlaufenden Radialspalte des Inlandeises und wird mit kalkreichem Grundwasser und durch kleinere, ebenfalls kalkreiche Bäche versorgt. Am südwestlichen Ende des durchschnittlich 2,40 m tiefen Sees mündet die Westpeene ein, die den See in einem Feuchtgebiet am nordöstlichen Rand, dem 48 ha großen, unzugänglichen Naturschutzgebiet Kalk-Zwischenmoor Wendischhagen, wieder verlässt. Dieses Moor entstand erst Anfang der 1870er-Jahre durch den Bau des Peenekanals zwischen dem Malchiner und dem Kummerower See, der eine Absenkung des Malchiner Wasserspiegels von bis zu 2,50 m nach sich zog. Schilfröhrichte, Weidengebüsche und Erlen bestimmen heute die Vegetation. Größere Teile des Moores werden von Braunmoos-Kalkbinsenrieden, von Breitblättrigem Wollgras, Sumpf-Herzblatt und Sumpfsitter eingenommen. Die rinnenartigen, etwa 20 cm langen Schlenken auf dem ehemaligen Seegrund füllen sich im Frühjahr mit Wasser, sodass sich hier Bestände aus Armleuchteralgen bilden konnten. Neben der in Deutschland vom Aussterben bedrohten Tüpfelralle nisten viele weitere Vogelarten im Moorgebiet.

Nordöstlich des Malchiner Sees liegt auf einer Landzunge das namensgebende Städtchen. Im Zweiten Weltkrieg wurde es stark zerstört, heute zeugen nur noch wenige Bauwerke von der einstigen Bedeutung der Stadt, in der zwischen 1621 und 1916 alle zwei Jahre der mecklenburgische Landtag zusammentrat. So birgt die dreischiffige gotische Backsteinbasilika St. Maria und St. Johannis mit spätgotischem Schnitzaltar, Tafelmalereien auf der Renaissancekanzel, barockem Orgelprospekt und der Kreuzigungsgruppe in der Marienkapelle aus der Zeit um 1400 eine der reichsten Kirchenausstattungen Mecklenburgs. Von der einstigen Stadtbefestigung haben sich im Norden der Stadt in der Nähe des Sportboothafens das Kalensche Tor und der Fangelturm aus dem 15. Jh. (der in der zweiten Hälfte des 16. Jh. um einen Renaissancegiebel ergänzt worden ist) sowie das Steintor, ein Nachbau des gotische Backsteinbaus von 1894, im Süden erhalten.

Das Kalensche Tor der Malchiner Stadtbefestigung wurde bis in das 19. Jh. als Gefängnis genutzt. Der im Jahr 1900 restaurierte, detailreich gestaltete gotische Backsteinbau steht in Richtung des namensgebenden Ortes Altkalen nahe Rostock.

Kummerower See – Adlerschreie überm Wasser

Vom Malchiner Hafen gelangt man in den 1861 ausgebauten Peenekanal. Nach 2,5 km führt dieser in die Westpeene, die als Bundeswasserstraße die direkte Verbindung zum Kummerower See herstellt. Weit öffnet sich der See mit seiner 33 km² großen Wasserfläche. Von den Wanderwegen bei Salem und Gorschendorf kann man ihn in seiner ganzen Größe überblicken. Die Ufer des viertgrößten Sees von Mecklenburg-Vorpommern wirken

Eingebettet in Wiesen, Felder und Wälder liegt im Malchiner Becker der Kummerower See, der viertgrößte See Mecklenburg-Vorpommerns.

menschenleer. Im mecklenburgischen Teil breiten sich weite Schilfgürtel und feuchte Wiesen aus. An der Ostseite erhebt sich das vorpommersche Ufer zu einer 37 m hohen Anhöhe, die sich im Sommer mit buntgesprenkeltem Magerrasen schmückt, in dem neben den zartblauen Blüten des Ehrenpreis purpurfarben die Karthäusernelke leuchtet. Am Himmel kann man mitunter Schrei-, Fisch- und Seeadler entdecken. Ebenso wie der Malchiner See ist auch der Kummerower See ein überregional bedeutendes Vogelrastgebiet. Bei Verchen am Nordende des maximal 11 km langen, 4 km breiten und über 23 m tiefen Sees leitet die Peene, Mecklenburg-Vorpommerns drittlängster Fluss, zum Peenetal über. Durch Mitteleuropas größtes zusammenhängendes Niedermoorgebiet zieht der von breiten Schilfgürteln gesäumte Fluss in sanftem Bogen Richtung Nordosten. Keine Schleuse erschwert den Weg. Dafür bestimmt meditative Monotonie aus Grün und Blau das Bild. Nur wenige Flüsse in Deutschland besitzen solche unverbauten Ufer.

Im Südosten des Sees liegt der Ort Kummerow, dessen Geschichte mit dem Einrücken slawischer Stämme im 5. Jh. begann. Damals gab sich der Ort den Namen „Kummerow", was übersetzt so viel wie „Mückenburg" heißt. Aus der Mitte des 13. Jh. stammt die Dorfkirche von Kummerow. Mitte des 18. Jh. umgestaltet, erhielt sie eine neue Ausstattung, die Flachdecke mit Stuck und den Fachwerkdachturm. Das zweigeschossige langgestreckte Schloss Kummerow am Ufer des Sees wurde 1733 für den Landrat Albrecht Freiherr von Maltzan erbaut. Den später stark zersiedelten Landschaftspark gestaltete man nach Plänen von Peter Joseph Lenné. Das alte Barockschloss, das nach der Wende lange leer stand, fand 2013 einen neuen Besitzer und gilt inzwischen als „Denkmal von nationaler Bedeutung".

Teterower See – Naturkleinod mit slawischer Fliehburg

Nordöstlich der Stadt Teterow liegt der gerade einmal 4 km² große und vor allem im Südteil äußerst buchtenreiche Teterower See, der sich aus einigen kleinen Bächen speist und im Nordosten über die Peene mit dem Kummerower See verbunden ist. Teile der westlichen Uferzone einschließlich des Sauerwerders und der Halbinsel Schnakenlang liegen im ingesamt 70 ha großen Naturschutzgebiet Binsenbrink, das seit dem Jahr 1931 dem Schutz des Seerandmoores und als Lebensraum verschiedener seltener Vogelarten wie dem Blaukehlchen vorbehalten ist. Im Frühjahr und Herbst suchen Zugvögel wie Schnatter-, Krick- und Löffelente die störungsarmen Torfstichgewässer auf. Für nordische Saat- und Blässgänse ist es ein ideales Schlafrevier. Insgesamt konnten hier 125 Vogelarten beobachtet werden. Auf der im Naturschutzgebiet gelegenen Halbinsel Sauerwerder gibt ein gut ausgeschilderter Inselwanderweg Auskunft über Fauna und Flora.

Inmitten des Teterower Sees liegt die Burgwallinsel, eine alte slawische Siedlungsstätte, die 2010 von der UNESCO zum „Schützenswerten Kulturgut der Menschheit" erklärt wurde. Man kann sie mit der Fähre oder dem Ausflugsschiff *Regulus* erreichen, einer historischen Motorbootbarkasse, die 1910 in Hamburg gebaut wurde. 1945 war sie versenkt worden, 1999

Der gesamte Teterower See ist für Motorboote gesperrt. Zur Burgwallinsel mit den Resten einer slawischen Siedlungsstätte geht es mit der Seilfähre am Südende der Insel.

Eine Stele und Informationstafeln am Rundwanderweg erinnern an die slawischen Siedler auf der Burgwallinsel.

Mecklenburgische Schweiz und Kummerower See

Thünen-Museum Tellow

In Tellow, etwa 10 km nördlich von Teterow, erinnert eine denkmalgeschützte Gutsanlage an den Wirtschaftswissenschaftler und Musterlandwirt Johann Heinrich von Thünen (1783–1850). Seine einstige Wirkungsstätte, heute Nationale Thünen-Gedenkstätte, präsentiert historische Gebäude: das Thünensche Gutshaus mit Bibliothek, das Gärtnerhaus, das Gutshandwerkerhaus sowie Neubauernhäuser, Entenstall, Thünenstall und Thünenscheune mit Gutsmarkt im Kornspeicher (Café). So zeigt dieses Museum einen wichtigen Ausschnitt der regionalen Wirtschafts- und Agrargeschichte. Auf Tellow bereitete Thünen den Weg für ein an den Erfordernissen des Marktes orientiertes Wirtschaftssystem. Die Thünenschen Ringe sind ein wirtschaftsgeografisches Modell, das die Ausbildung landwirtschaftlicher Bodennutzungszonen in Abhängigkeit von den Transportkosten um einen Absatzmarkt herum abbildet.

dann wurde ihr Wrack geborgen und wieder seetüchtig gemacht. Von der slawischen Fliehburg aus dem 9. und 12. Jh. sind nur noch Reste des Burgwalls übriggeblieben. Von einem Naturbeobachtungsturm kann man einen großen Teil der Insel überblicken, die mit Badestrand, Bootsverleih, Abenteuerspielplatz und Restaurant ein beliebtes Ausflugsziel ist. An die 750 m lange Holzbrücke, die einst Insel und Festland verband und ein Meisterwerk slawischer Baukunst gewesen sein soll, erinnert heute nur noch ein Modell im Museum der Stadt.

Schildbürgerstadt Teterow

„Thiterowe" wurde Teterow einst von den Slawen genannt, was auf Deutsch „Auerhahn" bedeutet. Noch heute lässt der Kern dieser typisch mecklenburgischen Ackerbürgerstadt die mittelalterliche Anlage erkennen. Von der ursprünglichen Stadtmauer sind noch zwei spätgotische Tore erhalten: das Rostocker Tor, ein Backsteinbau mit reichem Blendschmuck, und das schlichtere Malchiner Tor, in dem sich, wie auch im angrenzenden Rats- und Polizeidienerhaus von 1798, das Stadtmuseum befindet. Die um 1500 vollendete Stadtkirche St. Peter und Paul auf dem Kirchplatz gleich hinter dem Rathaus dominiert das Stadtbild. Ein präparierter Hechtkopf mit Glöckchen erinnert hier an die berühmteste Teterower Schildbürgergeschichte vom „Tätrowschen Häkt". Jedes Wochenende vor Pfingsten gedenken die Teterower mit dem traditionellen Hechtfest diesem Schildbürgerstreich: Einst war in ihrem See ein kapitaler Hecht gefangen worden. Da es noch zu früh war, um ihn bis zum nächsten Schützenfest aufzubewahren, so ließen die Angler ihn wieder ins Wasser gleiten und schnitten, um ihn wiederzufinden, an der entsprechenden Stelle der Bootswand eine Kerbe ein. Auch der seit 1913 vor dem Rathaus plätschernde Hechtbrunnen des Mecklenburger Bildhauers Wilhelm Wandschneider verweist auf diese Geschichte – und er zeigt die Selbstironie der Teterower.

Dargun am Klostersee

Die Kleinstadt am nordöstlichen Rand des Naturparks Mecklenburgische Schweiz und Kummerower See blickt auf eine fast 1000-jährige Geschichte zurück. Bedeutung gewann der Ort durch ein 1172 von Mönchen aus dem dänischen Kloster Esrom gegründetes Zisterzienserkloster. Sie kamen, nachdem Heinrich der Löwe 1164 die Slawen aus ihrer Burg Dargon vertrieben hatte, doch brannten die Wenden das Kloster bald wieder ab. Erst 1209 errichteten Mönche aus dem Mutterkloster Doberan die romanische Kirche, die seit dem 15. Jh. von der gotischen Basilika überragt wurde.

Nach der Säkularisierung im Jahre 1552 übernahmen es die Fürsten aus dem Hause Mecklenburg-Güstrow und bauten das Bauwerk über die nächsten zwei Jahrhunderte zu einem vierflügeligen Schloss um. Es galt als einer der schönsten Schlossbauten Mecklenburgs. 1720–1759 war es Apanage der Prinzessin Augusta, der jüngsten Tochter des Herzogs Gustav Adolf zu Mecklenburg-Güstrow. Im 19. Jh. diente das restaurierte Schloss als erste Ackerbauschule Mecklenburgs. Anfang des 20. Jh. zog eine Hauswirtschaftsschule ein. In den letzten Tagen des Zweiten Weltkriegs fielen Schloss und Klosterkirche einer Brandstiftung zum Opfer. Übrig blieben nur die gewaltigen Umfassungsmauern. Bereits 1979 wurde die Anlage unter Denkmalschutz gestellt, seit 1991 wird die Bausubstanz gesichert und auch restauriert.

Heute finden in der Anlage Konzerte und andere kulturelle Veranstaltungen sowie Gottesdienste statt. Im Tordurchgang werden Ausstellungen gezeigt; im über 300 Jahre alten Pavillon können sich Paare trauen lassen. Spannende Regionalgeschichte präsentiert „Uns lütt Museum" im ehemaligen Gästehaus des Klosters. Der Schlosspark lädt zu Spaziergängen ein –

Der originelle Hechtbrunnen ist das Wahrzeichen der Stadt Teterow.

Eine wunderbare Kulisse für Open-Air-Konzerte: Bereits 1979 gelang es engagierten Architekturliebhabern und Darguner Bürgern, die ehemalige Kloster- und spätere Schlossanlage unter Denkmalschutz stellen zu lassen.

Mecklenburgische Schweiz und Kummerower See

Das in der ersten Hälfte des 18. Jh. erbaute Stavenhagener Schloss ist heute Verwaltungssitz und Standesamt (ganz oben).

Bei Stavenhagen blieben von einem uralten Eichen-Hutewald die sechs berühmten Ivenacker Eichen erhalten. Das älteste Exemplar mit einem Stammumfang von 11 m dürfte 1200 Jahre alt sein (oben).

300 Jahre alte Eiben, eine Hainbuchenallee und Streuobstwiesen sowie die Seepromenade am etwa 30 ha großen Klostersee erfreuen den Besucher.

Stavenhagen – die Stadt Fritz Reuters

„[…] die Straßen sind aufs beste gepflastert, von den Toren der Stadt aus gehen direkte Chausseen nach Hamburg, Paris, Berlin und Sankt Petersburg", schrieb Fritz Reuter Mitte des 19. Jh. Der mecklenburgische Dichter, der am 7. November 1810 im alten Rathaus am Marktplatz als Sohn des Bürgermeisters geboren wurde, ist der große Stolz des kleinen Städtchens Stavenhagen. Überlebensgroß und in nachdenklicher Pose sitzt der Dichter seit 1911 im Armstuhl vor dem Haus, als bronzene Reuter-Statue, geschaffen von Wilhelm Wandschneider. Acht kleine Bronzereliefs zeigen im Hintergrund Szenen aus Reuters Hauptwerken.

Schon zum 100. Geburtstag hatten die Stadtväter im Rathaus einen Gedenkraum, die „Reuterstube" eingerichtet. Seit 1949 wurde im Rathaus nach und nach das Fritz-Reuter-Museum aufgebaut. Zu dessen Fundus gehört die umfangreiche Sammlung von Reuter-Handschriften, Dokumenten und Sachzeugnissen sowie eine Fachbibliothek niederdeutscher Literatur mit einem Bestand von etwa 13 000 Bänden. Eine weitere ständige Ausstellung beschäftigt sich im Museumsanbau mit dem Porträt- und Genremaler Ernst Lübbert (1879–1915), der in Stavenhagen die Schule besuchte.

Stavenhagen ist ein beschauliches Landstädtchen, das um das Jahr 1230 neben einer Burg des Ritters von Stove entstand. „Ein paar Schritte rechts um die Ecke des Rathauses führen uns plötzlich in die Romantik des Städtchens", schrieb Fritz Reuter. „Deutlich sind die Spuren von Wall und Graben, von alten Befestigungen noch im Wechsel von Hügel und Wiesen im Garten zu erkennen und bezeugen die Wahrheit von der Überlieferung, dass hier einmal eine alte Ritterburg gestanden und den Kern zur späteren Bildung der Stadt abgegeben habe."

Das alte Stavenhagener Schloss, im Jahr 1740 auf den Grundmauern der mittelalterlichen Burg als Dreiflügelanlage erbaut, beherbergt heute die Stadtverwaltung und im Kellergewölbe die ständige Ausstellung "Franzosenzeit in Mecklenburg 1806 bis 1813". So wurde am Originalschauplatz von Fritz Reuters Roman *Ut mine Franzosentid* eine fachübergreifende Ausstellung installiert, die militärgeschichtliche Aspekte, das Alltagsleben der mecklenburgischen Bevölkerung in diesem knappen Jahrzehnt sowie literarische und künstlerische Zeugnisse aus dieser Zeit zeigt.

Findlingsgarten Hohen Mistorf

Der pensionierte Lehrer und Hobbygeologe Hermann Negnal eröffnete 2002 auf seinem Grundstück in Hohen Mistorf einen Schaugarten voller Steine – allesamt Hinterlassenschaften der Eiszeit. Zum Geschiebe-Inventar des Findlingsgartens gehören zumeist Tiefen- und Ergussteine, überwiegend Granitarten. Einige von ihnen sind Leitgeschiebe, deren Herkunftsgebiet, wie beim 1,4 Milliarden Jahre alten Hammergranit von der Insel Bornholm, bekannt ist. Zudem kann man etliche metamorphe Gesteine, wie Gneis oder Quarzit, sehen.

Die Baumgiganten von Ivenack

Das Landschaftsschutzgebiet Ivenacker Tiergarten liegt 5 km von Stavenhagen entfernt. Uralte Eichen stehen in dem ehemaligen Hutewald, die älteste ist über 1000 Jahre alt. Ihr Kronendurchmesser beträgt fast 30 m, ihre Höhe 35 m, der Stamm hat einen Umfang von 11 m. Sie keimte schon, als hier noch der slawische Stamm der Wilzen Vieh zur Futtersuche durch die Wälder trieb. Später fraß sich dort das Vieh der Nonnen des Ivenacker Zisterzienserinnenklosters satt. Ivenack bedeutet "Weidenort". Der Legende nach waren Eichen hier schon im 19. Jh. so groß, dass man in einer von ihnen den Schimmelhengst Herodot vor Napoleons Truppen verstecken konnte. Die uralten Baumriesen bieten viel Stoff für Geschichten, in denen sie immer wieder auch als verwandelte Nonnen beschrieben werden. Zu den architektonischen Erinnerungen an die Klosterzeit gehört die um 1300 errichtete und im 18. und 19. Jh. veränderte Klosterkirche. 1555 wurde das Kloster aufgelöst und ein Teil der dazugehörigen Gebäude zu einem Schloss der mecklenburgischen Herzöge umgebaut. Um 1710 entstand ein Gehege für Damwild. Nachdem das Damwildgatter 1929 aufgelöst wurde, konnten die jungen Bäume ungehindert wachsen. 1974 wurde ein von Damwild und Mufflons bewohnter 75 ha großer Tiergarten angelegt.

Große Namen: Künstler und Literaten

Mit Mecklenburg verbinden sich große Namen wie Fritz Reuter, Hans Fallada, Ernst Barlach und Uwe Johnson. Aus Güstrow stammt Georg Friedrich Kersting, einer der bedeutendsten Maler der Romantik, und in Schwerin wirkten namhafte Komponisten wie Friedrich von Flotow und Friedrich Wilhelm Kücken.

Literarisches Mecklenburg-Vorpommern – das ist ein weites Feld und nur in Einzeletappen kreuz und quer durchs Land zu erkunden. Besonders ergiebig ist das Reisen auf den Spuren von Fritz Reuter (1810–1874), denn das heißt, tief in „de Urgeschicht von Meckelnborg" einzudringen. Gerade in der Mecklenburgischen Schweiz ist Reuter allgegenwärtig. Das gilt insbesondere für Stavenhagen. Heute würdigt Reuters Geburtsstadt ihren berühmtesten Sohn mit Reuter-Denkmal, Reuter-Straße, Reuter-Platz, Reuter-Apotheke und Reuter-Schule. Bevor der Dichter und Schriftsteller im Juni 1863 nach Eisenach übersiedelte, pflanzte er, als Zeichen der Dankbarkeit gegenüber seinen verstorbenen Eltern, eine Eiche an der Chaussee nach Neubrandenburg auf dem Alt-Bauhoffelde. Den Stavenhagenern ist ihr „Fritzing" noch immer nahe. Etwa 10 000 Besucher kommen seinetwegen übers Jahr in die Kleinstadt. 1995 wurden die Reuter-Festspiele durch das Fritz-Reuter-Litera-

Der Schweriner Künstler Theodor Schloepke war für seine Monumentalgemälde und seine Porträts bekannt. 1866 saß auch Fritz Reuter Modell (oben).

Das Fritz-Reuter-Literaturmuseum am Marktplatz von Stavenhagen dokumentiert in einer ansprechenden Ausstellung die Höhen und Tiefen im Leben und im Schaffen Fritz Reuters (rechts).

110 | Mecklenburgische Seenplatte

turmuseum ins Leben gerufen. Sie finden alle zwei Jahre im Juni statt. Nach einem Eröffnungsgottesdienst auf Plattdeutsch folgen Lesungen, Theateraufführungen, Chorkonzerte. Man feiert Fritz Reuter, dessen unbestreitbarer Verdienst es ist, deutlich zu machen, dass das Platt kein unschöner und schlichter Dialekt ist. Linguistische Vereinheitlichung machte sein Niederdeutsch zu einem literaturtauglichen Idiom, das von der Mehrheit niederdeutscher Sprecher gleichwohl verstanden und akzeptiert wurde.

Um die niederdeutsche Sprache muss einem also nicht bange sein. Schon zu Reuters Zeiten hat man sie fälschlicherweise totgesagt. „Soll sie sterben", meinte der Dichter, „aber mit einem schönen lauten Glockenschlag." Zum Fundus des Literaturhauses in Stavenhagen gehören eine Sammlung von Reuter-Handschriften, Dokumente und Sachzeugnisse sowie eine Fachbibliothek niederdeutscher Literatur mit etwa 13 000 Bänden. Zu Reuters bekanntesten Werken zählen *Läuschen und Rimmels*, *Ut mine Festungstid* sowie *Kein Hüsung*. Seinen künstlerischen Höhepunkt erreichte der Autor jedoch 1864 mit dem dreiteiligen Roman *Ut mine Stromtid*, der in Neubrandenburg, wohin der Dichter acht Jahre zuvor gezogen war, entstand.

Politisch war die spätere Ikone der niederdeutschen Dichtkunst zeitweilig wenig gesellschaftskonform. Nach dem Besuch der Gymnasien Friedland und Parchim begann er lustlos ein Studium der Rechte in Rostock. Um der Bevormundung des gestrengen Vaters zu entgehen, begab er sich an die Universität Jena, wo er sich 1832 den deutschen Burschenschaften anschloss. Diese Mitgliedschaft brachte ihm sieben Jahre Festungshaft ein. Nachdem Reuter 1840 im Zuge der Amnestie durch den Preußenkönig Friedrich Wilhelm IV. freigelassen worden war, begann er als „Strom", als landwirtschaftlicher Volontär, auf einem Gut nahe Stavenhagen zu arbeiten. Ein Radwanderweg führt von Stavenhagen auf den Spuren Reuters auch zu jenem Gutshaus.

Der damalige Pächter Franz Rust, ein gebildeter und geselliger Mann, hatte Kontakt zu liberalen Kreisen Mecklenburgs, zu denen auch Hoffmann

> Alljährlich avanciert Stavenhagen während der Reuter-Festspiele zur „Platt-Hauptstadt". Dabei werden nicht nur Texte Fritz Reuters in historischen Kostümen vorgetragen, sondern es finden auch viele andere künstlerische Darbietungen auf Plattdeutsch statt.

> *Der Dichter Fritz Reuter hat maßgeblich zur Aufwertung des Niederdeutschen als Literatursprache beigetragen.*

Große Namen: Künstler und Literaten | 111

Die John-Brinckman-Grundschule in Goldberg erinnert mit ihrem Namen an den Schriftsteller, der von 1846 bis 1849 in der Langen Straße eine Privatschule führte (ganz oben).

In Güstrow wurde 1908 ein Brunnen errichtet, der die Erzählung *Voß un Swinegel* (Fuchs und Igel) motivisch aufnimmt und so deren Autor John Brinckman ehrt (oben).

von Fallersleben gehörte, den Reuter später im Scharpzower Gutshaus kennenlernte. Auch das Pfarrhaus 6 km weiter südlich gibt es noch, in dem Reuters große Liebe, die Roggenstorfer Pfarrerstochter Louise Kuntze, lebte.

In Neubrandenburg, gegenüber dem ehemaligen Franziskanerkloster, steht das erste mecklenburgische Fritz-Reuter-Denkmal, das der Berliner Bildhauer Martin Wolf 19 Jahre nach dem Tod des Dichters geschaffen hatte. Um die Jahrhundertwende gehörte Reuter zu den meistgelesenen Literaten seiner Zeit. Allein der Hinstorff-Verlag hatte bis 1904 mehr als 2,5 Millionen Bände seiner Werke verkauft. Im Neuen Tor der alten Stadtbefestigung hat die Fritz-Reuter-Gesellschaft ihren Platz.

Verwurzelt in Mecklenburg

Einer der größten Befürworter der niederdeutschen Literatursprache schon vor Fritz Reuter war Johann Heinrich Voß (1751–1826). In seinen Gedichten, volkstümlichen Liedern und in seinem Idyllenzyklus schrieb Voß jedoch kein landläufiges Platt, sondern formte eine übermundartliche Literatursprache. 1751 als Sohn eines verarmten Kammerdieners und Gastwirts im heutigen *Gasthaus zum Hufschmied* in Sommerstorf bei Waren geboren, verbrachte er den größten Teil seiner Kindheit in Penzlin. Das Leben der einfachen Leute war ihm vertraut. Sein Denkmal in Penzlin entstand 1982. Die Büste des Dichters vor der Marienkirche am Markt ist eine Arbeit des Bildhauers Walter Preik aus Waren (Müritz). Im Penzliner Museum Alte Burg wird in einer Ausstellung des großen Sohns der Stadt gedacht.

In Güstrow, zwischen dem Stadtgraben und dem Verkehrsknotenpunkt an der Eisenbahnstraße, steht das 1908 vom Bildhauer Wilhelm Wandschneider geschaffene Denkmal für John Brinckman. Die Stele trägt das Porträtmedaillon des Dichters, die Figuren *Voss un Swinegel* entstammen seiner gleichnamigen Novelle. John Brinckman (1840–1870) schrieb Gedichte sowie zeitkritische und satirische Literatur, seine bekannteste Erzählung ist *Kasper Ohm un ick*. An seiner Grabstätte auf dem Güstrower Friedhof finden alljährlich Veranstaltungen der Schüler des Güstrower John-Brinckman-Gymnasiums, der John-Brinckman-Gesellschaft oder der Güstrower Plattsnacker zu Ehren des Dichters statt. Neben Voß, Brinckman und Reuter gehörte auch Rudolf Tarnow, der Autor volkstümlich-humorvoller plattdeutscher Erzählungen (1867 in Parchim geboren, 1933 in Schwerin gestorben), zu den beliebtesten mecklenburgischen Dichtern.

Zugereist: Barlach, Johnson, Fallada

Barlach, der ab 1910 in Güstrow seinen Arbeits- und Lebensmittelpunkt gefunden hatte, ist zwar heute vor allem für sein bildhauerisches Werk bekannt, zu Lebzeiten aber hatte er auch als Schriftsteller und Dramatiker einen Namen. Zwischen 1906 und 1938 schrieb Barlach neben den drei autobiografischen Arbeiten *Russisches Tagebuch*, *Güstrower Tagebuch* und *Ein selbsterzähltes Leben* mehrere Dramen. Seit dem Premierenbericht der Güstrower Zeitung zur Aufführung seines Dramas *Die echten Sedemunds* 1921 in den Hamburger Kammerspielen wusste die Stadt, was der eigenbrötlerische, ihnen immer etwas unheimliche Mann von ihrer Welt der Wertebeständigkeit hielt. Barlach, 1870 in Wedel geboren, wurde nie ein echter Güstrower, noch 1928 erzählte er dem Verleger Reinhard Piper: „Man nimmt mich nun in Güstrow in Gnaden an. Ich gehöre jetzt mit dazu. Die Güstrower denken: Feine Leute haben eben auch feine Künstler." Postum erschienen 1948 die Romane *Seespeck* und *Der gestohlene Mond*. Neben seinen plastischen und grafischen Arbeiten findet im Güstrower Ernst-Barlach-Haus auch sein literarisches Werk umfassende Würdigung.

Mit Barlachs Werken kam der 1943 im heutigen polnischen Hinterpommern geborene Uwe Johnson schon als 14-Jähriger in Berührung. Die Aufführung von Barlachs Drama *Die Sündflut* ist ihm ebenso in Erinnerung geblieben wie 1948 eine Ausstellung zum zehnten Todestag des Künstlers. Das zentrale Thema Johnson, der als bedeutendster mecklenburgischer Schriftsteller nach 1945 gilt, war die deutsche Teilung. Zu seinen wichtigsten Werken zählen *Ingrid Babendererde* und *Jahrestage*, sein letzter großer Roman, in dem er am Beispiel des Lebens der Gesine Cresspahl und ihrer Familie die Zeit des Nationalsozialismus und der DDR in Mecklenburg bis in die 1980er-Jahre schildert. In seinen Werken finden sich viele Spuren

Brigitte-Reimann-Literaturhaus Neubrandenburg

Der Neubau anstelle des ehemaligen Wohnhauses der Schriftstellerin Brigitte Reimann (1933–1973) ist seit 1999 Sitz des 1971 gegründeten Literaturzentrums Neubrandenburg. Neben Autorenlesungen finden im Literaturzentrum auch Vorträge sowie Diskussionsrunden statt. Eine ständige Ausstellung ist Brigitte Reimann, der Autorin von u. a. *Franziska Linkerhand*, gewidmet. Das Archiv bewahrt Manuskripte, Briefe und die Originalbibliothek der Schriftstellerin. Zudem gibt es eine Sammlung zur Literatur der Region nach 1945. Auf Initiative und unter Mitwirkung des Literaturzentrums gründeten sich auch namhafte Einrichtungen wie die Hans-Fallada-Gesellschaft und die Brigitte-Reimann-Gesellschaft. Regelmäßig finden wissenschaftliche Konferenzen zu Hans Fallada, Brigitte Reimann und anderen Vertretern der neueren deutschen Literatur statt.

Fallada ließ sein Fachwerkhaus in Carwitz mehrfach umbauen und ergänzte es auch durch eine Veranda.

Hans Fallada war einer der bedeutendsten Erzähler des 20. Jh. Das Hans-Fallada-Museum Carwitz wird heute im *Blaubuch der Bundesregierung* als „Kultureller Gedächtnisort von nationaler Bedeutung" (KGO) geführt.

seines erlebten Alltags. Aus seiner ehemaligen Oberschule machte Johnson die Gustav-Adolf-Oberschule von Wendisch in *Ingrid Babendererde. Reifeprüfung 1953*. Am Pferdemarkt steht noch der Name Papenbrock über dem Haushaltswarengeschäft; über dem Musikhaus ist der Name Abs zu lesen, und im Telefonbuch gibt es noch eine Babendererde.

Ein „Zugereister" ist auch Hans Fallada. Mit bürgerlichem Namen Rudolf Ditzen, 1893 in Greifswald geboren, wurde er berühmt als der Romancier der kleinen Leute. 1920 erschien sein erster Roman *Der junge Godeschalk*. Sein zweites Buch, *Bauern Bonzen Bomben,* wurde 1931 verlegt. Nach seinem Welterfolg *Kleiner Mann – was nun?* zog Fallada auf Anraten des Rowohlt-Mitarbeiters Peter Zingler von Berlin nach Mecklenburg, in die alte Büdnerei am Ufer des Carwitzer Sees. In den folgenden elf Jahren schuf er hier den Großteil seines epischen Werkes. Noch während des Umbaus des Hauses schrieb er an seinem Roman *Wer einmal aus dem Blechnapf frisst*. Das Leben im Carwitzer Haus fand Eingang vor allem in dem Werk *Heute bei uns zu Haus*. Darin heißt es: „Von allen Fenstern aus sehen wir Wasser, lebendiges Wasser, das Schönste auf Erden. Es blitzt zwischen Wipfeln uralter Linden, es verliert sich in der Ferne, begleitet von schmächtigen Ellern; dickköpfige Weiden versuchen es zu verstecken, hinter gelben und grünen Schilffeldern breitet es sich aus [...]" Fallada starb 1946 in Berlin, erst 1981 kam seine Asche auf den kleinen Friedhof in Carwitz. Das Fallada-Haus in Carwitz ist heute ein Museum mit einem umfangreichen Archiv.

Dem Land eng verbunden: Maler und Musiker

Der vor allem als Meister der Interieurporträts berühmt gewordene Georg Friedrich Kersting zählt zu den Hauptvertretern der deutschen Romantik und des Biedermeier. Er wurde 1785 als Sohn eines Glasmalermeisters in Güstrow geboren. Bevor er 1805 an die Kunstakademie nach Kopenhagen ging, erhielt er Unterricht beim Güstrower Maler Johan Beutel. In Dresden lernte er auch Caspar David Friedrich, dessen Eltern aus dem mecklenburgischen Neubrandenburg stammen, und den Porträtmaler Gerhard von Kügelgen kennen. Von seiner engen Freundschaft zeugt das 1811 entstandene Bildnis *Caspar David Friedrich in seinem Atelier*. Durch die Kreise, denen auch Theodor Körner angehörte, politisiert, entflammte in Kersting die Begeisterung des Romantikers für die Einheit und Freiheit Deutschlands derart, dass er als Lützower Jäger an den Befreiungskriegen gegen Napoleons Truppen teilnahm. Seinen gefallenen Kameraden Friesen, Hartmann und Körner widmete Kersting nach seiner Rückkehr die Werke *Auf Vorposten* und *Die Kranzwinderin*.

Lange vergessen hingegen war Marie Hager. Die Landschafts- und Architekturmalerin wurde 1872 in Penzlin geboren und starb 1947 in Burg Stargard. Sie war Schülerin u. a. von Eugen Bracht, Hans Licht und Ernst Kolbe. Erst 1997 wurde ihr Werk durch eine große Schau im Staatlichen Museum Schwerin wiederentdeckt und erfuhr eine umfangreiche wissenschaftliche Aufarbeitung. Ihr 1921 in Burg Stargard erbautes Haus ist heute als Marie-Hager-Haus Museum und Galerie.

Als einer der besten mecklenburgischen Landschaftsmaler gilt auch Carl Malchin. Der Mitbegründer der Ahrenshooper Künstlerkolonie wurde 1838 in Kröpelin geboren und lebte ab 1879 bis zu seinem Tod im Jahr 1923 in Schwerin. Im Vordergrund seines Schaffens standen ländliche bzw. dörfliche Motive.

Musik hat eine lange Tradition in Schwerin. Das heute Mecklenburgische Staatskapelle Schwerin genannte Orchester, gegründet im Jahr 1563, ist einer der ältesten Klangkörper der Welt. Ab 1836 stand für Opernaufführungen unter der musikalischen Begleitung des Orchesters ein echter Theaterbau zur Verfügung, für einige Jahre dirigierte in dieser Zeit der Komponist Friedrich von Flotow das Ensemble. Es gastierten berühmte Dirigenten und Virtuosen wie Johannes Brahms oder Felix Mendelssohn Bartholdy. 1918 noch Großherzogliche Hofkapelle, später Mecklenburgische Landeskapelle, wurde sie 1926 schließlich offiziell zur Mecklenburgischen Staatskapelle Schwerin, die nach 1945 durch Generalmusikdirektoren wie Kurt Masur, Klaus Tennstedt und Hartmut Haenchen geformt wurde. Seit der Spielzeit 2012/2013 ist Daniel Huppert Amtierender Generalmusikdirektor. Einer der berühmtesten Schweriner Musiker des 19. Jh. war der Komponist und Dirigent Friedrich Wilhelm Kücken (1810–1882), der u. a. mit seinem Lied *Ach, wie ist's möglich* die Anerkennung seiner Zeitgenossen fand.

Carl Malchin war spezialisiert auf Stadtansichten, Landschaften und mecklenburgische Genreszenen. 1882 entstand das Gemälde *Einsatz der ersten Dreschmaschine in Lankow bei Schwerin*.

Der Bildhauer Ludwig Brunow schuf 1885 das Denkmal für Friedrich Wilhelm Kücken. Die beiden Reliefs am Sockel huldigen der Phantasie des Tonkünstlers.

Große Namen: Künstler und Literaten

Porträt

Helmuth Freiherr von Maltzahn

Das Renaissanceschloss Ulrichshusen in der Mecklenburgischen Schweiz war eine Brandruine, als sich Freiherr von Maltzahn kurz nach der Wende entschloss, den Sitz seiner Vorfahren wieder aufzubauen. Dabei entstand nicht nur eine der schönsten Schlossherbergen; das alte Wirtschaftsgebäude aus Feldsteinen wurde die berühmteste Musikscheune des Landes und bietet einen der größten Konzertsäle Norddeutschlands.

Seit 1994 schlägt hier das musikalische Herz Mecklenburg-Vorpommerns. Beim Eröffnungskonzert mit Lord Yehudi Menuhin war jeder Platz besetzt. Nach ihm gaben sich Stardirigenten wie Kent Nagano, Herbert Blomstedt und Kurt Masur den Stab in die Hand. Gerne erzählt Helmuth Freiherr von Maltzahn, dass ihm, als er im Jahre 1990 zum ersten Mal das Haus seiner Vorväter betrat, eine Eule treffsicher auf seiner Schulter ein Zeichen setzte, das er als „gutes Omen" betrachtete. Er sollte recht behalten. Von der Rückübertragung ausgeschlossen, erwarb der damalige Manager im Kosmetikkonzern Lancaster 1993 das Schloss, um ihm gemeinsam mit seiner Frau Alla und den drei Töchtern die Seele zurückgeben. Er sagt dazu: „Nach der Wende wollte ich mich unbedingt tatkräftig und nützlich am Wiederaufbau beteiligen. Meine Familie stammt aus Mecklenburg und Pommern, also lag ein Engagement dort nahe, wo meine Vorfahren früher tätig waren. Und beim Kauf eines Hauses wollte ich keinem etwas wegnehmen!"

Zupackende Rettung

Jedes Wochenende und in den Sommerferien kam die Familie aus Hessen nach Mecklenburg. Drei Jahre lang wohnte die Familie in einer Holzhütte auf dem Schlossgelände und dirigierte von hier aus den Wiederaufbau einer der bedeutendsten Renaissancebauten Mecklenburg-Vorpommerns. „Die Maltzahns gehören zu jenem Teil des deutschen Adels, der nach dem Ende der deutschen Teilung in die alte Heimat seiner Familien im Osten zurückgekehrt ist und dort auf seiner Scholle für ein kleines Wirtschaftswunder gesorgt hat. Es sind jene Junker, nach dem Krieg geflüchtet oder vertrieben, deren Land im Zuge einer Bodenreform von den sowjetischen Besatzern kassiert und in Bauernhand gelegt worden war", bescheinigte 2006 den Malt-

Schloss Ulrichshusen am Ulrichshusener See ist eine Renaissance-Anlage mit Wallgraben, die 1526 als Wasserburg erbaut wurde.

„Unerhörtes entdecken" – diese Versprechen der Festspiele Mecklenburg-Vorpommern gilt natürlich auch in der Musikscheune von Ulrichshusen.

zahns das Wochenmagazin *Der Spiegel*. Die anfangs durchaus skeptischen Dorfbewohner fassten bald kräftig mit an. Der Visionär von Maltzahn hatte mit unerschöpflichem Ideenreichtum und seiner zupackenden Art überzeugt.

Immer wieder entwickelt der Freiherr neue Ideen. So wurde nur 2 km von Ulrichshusen die Gutsanlage Tressow mit einer großen Oper-Air-Bühne aufgebaut. Die benachbarte barocke Gutsanlage ist inzwischen einer der schönsten Tagungsorte des Landes. Die wieder instand gesetzte Remise wurde ein Museum, der ehemalige Bullenstall zu einer Orangerie, in der Konzerteinführungen, Lesungen oder Ausstellungen stattfinden. In der traditionell-mecklenburgischen Küche des Restaurants *Am Burggraben*, einst ein Pferdestall, werden regionale Zutaten verwendet. In der strukturarmen Region entstand ein kulturelles Kleinod mit ökonomischer Strahlkraft. Historie und Komfort, idyllische Landschaft und kulturelle Erbauung schaffen hier eine Atmosphäre, die Ulrichshusen längst über mecklenburgische Grenzen hinaus bekannt gemacht hat.

Die Restaurantterrasse bietet im Sommer sonnige Plätze und einen herrlichen Blick auf Schloss und See – und auf den naturnahen Schlosspark mit seinen alten Eichen.

Helmuth Freiherr von Maltzahn

Die Kleinseenplatte – stille Gewässer in herrschaftlichem Umfeld

Südöstlich der Müritz beginnt das mecklenburgische Kleinseengebiet, ein Labyrinth aus mehr als 360 Seen. Zwischen viel Wasser, Wiesen und Wäldern liegen beschauliche Dörfer und die altehrwürdigen Residenzstädte Mirow und Neustrelitz.

Große Hubtore verschließen die Wasserkammer der Mirower Schleuse, die alle Schiffe und Boote auf dem Wasserweg zur Müritz passieren müssen.

Der Name der Stadt Mirow, die am westlichen Rand der Mecklenburgischen Kleinseenplatte und am Südostufer des lang gestreckten Mirower Sees liegt, stammt aus dem Slawischen und bedeutet „Frieden". Eine Schenkungsurkunde von Fürst Heinrich Borwin II. zu Mecklenburg, der dem Johanniterorden Land zur Beförderung der Christianisierung hiesiger Slawen überließ, belegt die Anfänge von *Villa Mirowe* im 13. Jh. Friedlich ist Mirow noch heute – und nahe am Wasser gebaut. Im Norden rahmen den knapp 2,5 km langen, bis 700 m breiten und maximal 7 m tiefen Mirower See Wiesen und Felder. Nur wenige hundert Meter vom Südufer entfernt zweigt der Müritz-Havel-Kanal (Mirower Kanal) ab, der westlichste Teil der Müritz-Havel-Wasserstraße. Die Mirower Schleuse, „Tor zur Müritz" genannt, verbindet seit 1935/36 die Kleinseenplatte mit den großen Oberseen Mecklenburgs. Das 56 m lange und 6,60 m breite technische Denkmal wird durch einen Schleusenwärter von Hand betrieben. Die alte Hubschleuse senkt und hebt die durchfahrenden Wasserfahrzeuge um 3,50 m.

Als Drehscheibe zwischen der Kleinseenplatte und dem mecklenburgischen Großseengebiet ist Mirow Ziel und Zwischenstation für zahlreiche Wasserwanderer. Die alte Residenz von Mecklenburg-Strelitz lockt mit kleinstädtischer Atmosphäre und herrschaftlicher Vergangenheit aber auch viele andere Gäste an. Hauptanziehungspunkt ist die Schlossinsel.

Das Schlossensemble, eine der Nebenresidenzen der Herzöge von Mecklenburg-Strelitz, hat seine Keimzelle in einer Komturei des Johanniterordens. 1587 bezog Herzog Karl von Mecklenburg die Halbinsel und ließ diese durch Wall und Graben befestigen. Das Torhaus von 1588 ist heute neben der ehemaligen Johanniterkirche das älteste Gebäude der Stadt; im Turm befindet sich

Bauliches Schmuckstück auf der Mirower Schlossinsel ist das ehemalige herzogliche Witwenschloss. Es wurde erst jüngst von Grund auf restauriert.

das Johannitermuseum, das sich der spannenden und facettenreichen Geschichte des Johanniterordens widmet. In der Gruft an der Nordseite des nur noch in Teilen gotischen Backsteinbaus befindet sich die Familiengruft des Strelitzer Herzoghauses.

1709 wurde mit dem Ausbau der Komturei zum herzoglichen Witwensitz begonnen. In der Mitte des 18. Jh. wurde das Schloss allerdings nochmals umgebaut. In den Räumen haben sich bis heute große Teile der kostbaren Ausstattung erhalten. Während das Schloss auf der Insel restauriert und zum Museum ausgebaut wurde – im Sommer 2014 konnte es wieder eröffnet werden –, harrt das sogenannte Untere Schloss außerhalb der Schlossinsel, in dem Karl II., Herzog zu Mecklenburg-Strelitz und regierender Fürst, geboren wurde, noch einer neuen Bestimmung. 1744 erblickte im Unteren Schloss auch die Schwester von Adolf Friedrich und Karl, Sophie Charlotte, das Licht der Welt, die 1761 als Gattin von Georg III. Königin von England wurde. 1996 wurde der letzte Nachfahre des Fürstengeschlechts in der Gruft an der Nordseite der Kirche beigesetzt. Einer aber fehlt: Adolf Friedrich VI., der letzte

Eine herrschaftliche Vergangenheit lässt die Kleinstadt Mirow mit dem Schloss und der Liebesinsel erahnen.

Die Kleinseenplatte – stille Gewässer in herrschaftlichem Umfeld

Neustrelitz entstand im 18. Jh. als geplante Anlage mit sternförmigem geometrischem Grundriss (ganz oben).

Die Stadtkirche Neustrelitz durchlebte viele Bauphasen, die letzte im Jahr 1968. Der Gesamteindruck wird durch die Baumaßnahmen in den Jahren 1828 bis 1831 bestimmt. Damals wurde auch der imposante Turm nach einem Entwurf des Schinkel-Schülers Friedrich W. Buttel (1796–1869) angegliedert (oben).

Großherzog von Mecklenburg-Strelitz, dessen Freitod im Jahr 1918 noch heute Rätsel aufgibt. Eine gusseiserne Brücke führt zu seinem Grabmal auf der kleinen Liebesinsel.

Neustrelitz – die geplante Stadt

Es war auch der „hochfürstlich braunschweigische Kunstgärtner" Julius Löwe, der 1733 im Auftrag von Herzog Adolf Friedrich III. den Stadtgrundriss für Neustrelitz entwarf: Acht Radialstraßen, die sich auf dem geräumigen quadratischen Marktplatz mit Stadtkirche und Rathaus treffen, führen sternförmig in alle Himmelsrichtungen und verbinden somit das Ufer des Zierker Sees und das Schlossareal mit der barocken Stadtanlage. Das alte bescheidene Strelitzer Residenzschloss war 1712 abgebrannt, ab 1713 sollte die Stadt, die bis 1918 Residenz des Herzogtums und ab 1934 Landeshauptstadt des Freistaates Mecklenburg-Strelitz war, eine ideale Gestalt bekommen. Als Vorbild wählte Löwe eine italienische Idealstadt-Vorlage aus dem 16. Jh. Zweieinhalb Jahrhunderte lang hat man das ausgeklügelte Straßennetz erhalten, hat die frühen Barockhäuschen jedoch infolge eines Erlasses von 1818 erweitert, aufgestockt oder durch höhere Bauten ersetzt. Den barocken Grundriss kann man immer noch sehen – vom Turm der Stadtkirche aus, die in den Jahren 1768–1778 nach Plänen des herzoglichen Leibarztes Verpoorten erbaut worden war und 50 Jahre später vom Hofbaumeister Buttel im Stil eines toskanischen Campanile vollendet wurde.

Folgt man der Seestraße, so gelangt man an den Zierker See. Vor der Mole des Stadthafens tummeln sich Kanus, Sportboote und Yachten in dem

380 ha großen, flachen Muldensee, den der Kammerkanal seit 1842 mit der Woblitz und der Oberen Havelwasserstraße verbindet. Ausflugsschiffe warten am Anleger. Aus alten Speichergebäuden wurden attraktive Wohnungen. Über die Glambecker Straße, vorbei am alten Carolinum, in dem einst Heinrich Schliemann zur Schule gegangen ist, kommt man zum Strandbad am Glambecker See. Am Ende der Schlossstraße, der ältesten und vornehmsten der Neustrelitzer Straßen – dort hatten die Hofbeamten gewohnt – gelangt man am Stadtmuseum vorbei zur Schlosskirche. Diese kreuzförmige Saalkirche zählt zu den schönsten Bauwerken des Architekten Friedrich Wilhelm Buttel, einem Schüler von Karl Friedrich Schinkel. Buttel kam 1820 auf Empfehlung des berühmten Berliner Baumeisters in die Stadt. Für den Bau des Gotteshauses in den Jahren 1855–1859 ließ Buttel über 300 verschiedene Formsteine in der Ziegelei am Rand der Stadt brennen. Heute wird die Kirche als Ausstellungsort für figürliche Bildhauerkunst genutzt.

Mit seinen Kompositionen aus gelbem Klinker und Schmuckelementen aus Keramik und Ziegel sowie durch die Verwendung neugotischer Formelemente hat Buttel in den 48 Jahren seiner Neustrelitzer Bautätigkeit wie kein anderer das Stadtbild geprägt. Auch das Rathaus an der Ostseite des Marktplatzes, ein zweigeschossiger, massiver Bau mit Pfeilervorhalle, rundbogigen Arkaden und Zinnenkranz, stammt von ihm.

Vollendete Gartenkunst im Schlosspark

Anfang des 19. Jh. wandelte Buttel, begleitet von den Ratschlägen Karl Friedrich Schinkels, auch die Orangerie im Schlosspark für die Aufbewahrung der fürstlichen Antikensammlung in einen wahrlich eleganten Gartensalon um. Der Schlossgarten selbst erfuhr ebenfalls verschiedene Wandlungen.

Aus einer kleinen barocken Anlage, die Julius Löwe auf einem ursprünglich sumpfigen Gelände zwischen Zierker See und Schloss hatte anlegen lassen, war innerhalb von 200 Jahren ein Ensemble aus verschiedenen Gebäuden und Gartenbereichen entstanden. Die erste Umgestaltung erfuhr der Garten unter Adolf Friedrich IV. im Sinne von André Le Nôtre, des Begründers des barocken Gartenstils in Frankreich (1613–1700). Als wesentliches Element der barocken Parkkomposition hat sich bis heute die Hauptachse, ein langes, sich verjüngendes Rasenparterre, erhalten. Später folgte man in

Die Vylym-Hütte – eine private Naturausstellung

In seinem Haus am Ufer des Useriner Sees zeigt der ehemalige Lehrer und Bodendenkmalpfleger Bernd Schmidt eine naturkundliche Ausstellung. Dabei weiß der engagierte Naturschützer spannende Geschichte zu erzählen. Die von ihm eigenhändig präparierten Tiere dieser Landschaft, ob seltene Vögel, Fischotter, Waschbär oder Marderhund, starben jeweils eines natürlichen Todes oder waren Unfallopfer, so wie der Seeadler und der Kranich, denen ein Hochspannungsmast zum Verhängnis wurde. Vögel nehmen unter den weit über 200 Exponaten der seit 1982 in Userin bestehenden Ausstellung, die er nach dem einst im See untergegangenen Dorf Vylym benannte, den größten Raum ein. Zudem ist schon das Haus eine Besichtigung wert. Das steile reetgedeckte Dach nimmt geschickt regionale Bautraditionen auf.

Die von Friedrich Wilhelm Buttel im neugotischen Stil erbaute Schlosskirche inmitten eines nach englischem Vorbild angelegten Landschaftsparks wird heute vor allem für Ausstellungen und Konzerte genutzt.

den Gestaltungsprinzipien dem Vorbild des englischen Landschaftsgartens und erweiterte und überformte den Park in weiten Teilen nach Plänen von Peter Joseph Lenné (1789–1866), dem bekannten preußischen Landschaftsarchitekten.

Großherzog Georg von Mecklenburg (1779–1860) widmete sich der Verschönerung des Schlossgartens in besonderem Maße. Zum Gedenken an seine Lieblingsschwester Luise ließ er auf dem Kaninchenberg einen Tempel errichten. 1891/92 entstand an dessen Stelle allerdings ein klassizistischer Bau nach dem Vorbild des Charlottenburger Mausoleums, der letzten Ruhestätte der Königin Luise, mit einer Kopie der Grabstatue Christian Daniel Rauchs. Zumeist aber schmücken Nachbildungen antiker Kunstwerke den Park, die im 19. Jh. ebenfalls im Auftrag des Großherzogs Georg angefertigt wurden oder als Geschenke des preußischen Königs nach Neustrelitz kamen. Die antiken Götter an der ehemaligen Schlossauffahrt bestehen aus galvanisiertem Zinkguss. Derartige Kopien, wie auch die der *Victoria von Leuthen* aus dem Atelier des Berliner Bildhauers Christian Daniel Rauch, galten als preiswert, wetterbeständig und im Werturteil des 19. Jh. einem Original fast ebenbürtig.

Dass man all das wieder in Vollendung sehen und genießen kann, ist ein Verdienst der aufwendigen und noch nicht ganz abgeschlossenen jüngsten

Sanierungsarbeiten. Damit wurden auch die Folgen der Kriegsbeschädigungen des Jahres 1945 beseitigt – mit einer großen Ausnahme: Das Schloss, das in den letzten Kriegstagen teilweise ausbrannte und später abgetragen wurde, bleibt unwiederbringlich verloren.

Wesenberg am Woblitzsee

Der Kammerkanal verbindet den Zierker See bei Neustrelitz mit dem 502 ha großen Woblitzsee, der aus zwei Becken besteht und an seiner schmalsten Stelle 300 m breit ist. An seinem Ufer liegt Wesenberg. Das „südliche Tor zum Müritz Nationalpark" ist eine beschauliche Kleinstadt. Auch der Große und Kleine Weiße See sowie der Große Labussee sind nicht weit. Die hölzerne Hausbrücke im etwa 5 km entfernten Ahrensberg, die älteste noch erhaltene ihrer Art in Norddeutschland, überspannt die Havel zwischen Finow- und Drewensee. Gerade einmal sieben Straßen hat die Altstadt von Wesenberg, dazu einen ovalen Grundriss, Kopfsteinpflaster, hübsche Fachwerkhäuser und eine mittelalterliche Kirche. Der Kirchturm wurde bereits im 13. Jh. aus dicken Quadersteinen erbaut. Die Einwölbung des Chores erfolgte in der zweiten Hälfte des 15. Jh. Legenden weben sich um die eiserne Kette an der nördlichen Kirchentür – sie soll vom Teufel geschmiedet worden sein. Mit über 600 Jahren hat auch die in ihrem Stamm rund 8 m dicke Linde ein beachtliches Alter erreicht. Über allem wacht, auf einem freistehenden Hügel weithin sichtbar, die Burg, das älteste architektonische Zeugnis der Stadtgeschichte. Vermutlich stand das heutige Wahrzeichen der Stadt schon hier, bevor Fürst Nikolaus I. von Werle-Güstrow 1252 die Stadt gründete. Heute befinden sich auf dem Burggelände die Tourismusinformation, eine Heimatstube, ein kleines Forstmuseum und eine Fischereiausstellung.

Die Kleinstadt Wesenberg liegt in einem Sandergebiet direkt am Woblitzsee südlich des Müritz-Nationalparks. Der verträumte kleine Bootshafen wird auch von Feriengästen genutzt (ganz oben).

Von der mittelalterlichen Burg auf einem künstlich aufgeschütteten Hügel steht heute neben Teilen der Burgmauer nur noch der Rumpf des Bergfrieds, Fangelturm genannt. (oben).

Die Kleinseenplatte – stille Gewässer in herrschaftlichem Umfeld

Mecklenburger Alleen

Alleen – Lebensadern in der Kulturlandschaft

Sie sind ein Sinnbild der Entschleunigung, die grünen Tunnel der mecklenburgischen Alleen. Gerahmt von den mächtigen Stämmen alter Bäume, überdacht von dichtem Blattwerk, durch das Sonnenpunkte auf die Straße fallen, vermitteln sie dem Reisenden das Gefühl, wie in alten Zeiten unterwegs zu sein. „Ich liebe die geraden Alleen mit ihrer stolzen Flucht. Ich meine sie münden zu sehen in blauer Himmelsbucht", möchte man mit Christian Morgenstern singen.

„Die Geschichte der Alleen reicht 4000 Jahre zurück", so die Information zum Auftakt des Alleenlehrpfads entlang der Graf-Schack-Allee im Herzen Schwerins. Schon im alten Ägypten, später im Römischen Reich, dienten sie der Landschaftsgestaltung. Das barocke Frankreich legte besonders viele dieser baumgesäumten Wege an. Von da an nannte man sie Alleen, abgeleitet vom französischen Verb für „gehen" (*aller*). Viele der Mecklenburger Alleen wurden vor über 200 Jahren auf fürstlichen Befehl zur Verschönerung der Landschaft, als Schattenspender für Vieh und Mensch oder als Windschutz für Felder gepflanzt. „In Mecklenburg-Vorpommern findet man von den insgesamt 4347 km Alleen 42,1 % an Bundes- und Landesstraßen, 16,0 % an Kreisstraßen und 41,9 % an Gemeindestraßen und ländlichen Wegen", meldet das Landesamt für Straßenbau und Verkehr. Die ältesten Alleebäume sind 250 Jahre alt.

1993 rückte der ADAC diese Bäume als Kulturerbe besonderer Art mit der Deutschen Alleenstraße ins Bewusstsein. Von Rügen bis zum Bodensee erstreckt sich dieses grüne Band durch Deutschland. Insgesamt 2900 km lang, beginnt die Route an der Ostseeküste, in Sellin auf Rügen, und führt etwa 200 km durch Mecklenburg-Vorpommern. Etwa 20 km südlich von Demmin zweigt sie von der B 194 ab und durchquert die Mecklenburgische Seenplatte.

Zu den schönsten Abschnitten gehört die etwa 150 Jahre alte Flatterulmenallee zwischen Ankershagen und Pieverstorf. Herrlich ist auch die Allee aus Eschen, Linden, Rosskastanien und alten Obstbäumen an der L 331 zwischen Stolpe und Burg Stargard. Und die B 193 zwischen Brustorf und Penzlin verläuft in einem grünen Tunnel aus den Kronen alter Linden. Die B 104 zwischen Remplin und Malchin rahmen Ahornbäume und Pappeln.

Schönheit, Sauerstoff und Naturschutz

Doch sind Alleen nicht nur berückend schön, sondern auch nützlich als Sauerstoffproduzenten und Lebensräume für bis zu 140 Insekten- und Vogelarten. Das Land Mecklenburg-Vorpommern hat zur Finanzierung von Neu- und Nachpflanzung und zur Pflege von Alleen einen Alleenfonds eingerichtet. Mit dem Alleenentwicklungsprogramm bemüht sich das nach Brandenburg alleenreichste Bundesland um eine Balance zwischen den Anforderungen an ein modernes, leistungsfähiges und dabei verkehrssicheres Straßennetz und der ökologischen Bedeutung für die Kulturlandschaft Mecklenburg-Vorpommerns.

Diese von mächtigen Linden gesäumte Allee bei Kaarz zeigt, warum Alleen nicht bei allen Autofahrern auf ungeteilte Liebe stoßen (oben).

Diese uralte Kopfweide hat schon zahllosen Passanten Schatten gespendet und bietet mit ihrem mächtigem Stamm manchen Vögeln und Insekten einen Lebensraum (linke Seite).

Hintergrund: Auch im Winter sind solche oft schnurgeraden Alleen aus der mecklenburgischen Landschaft nicht wegzudenken.

Feldberger Seenlandschaft – wo die Eiszeit zum Greifen ist

Acht tiefe klare Seen treffen im Bogen zweier Endmoränenwälle zusammen, deren Kuppen und Hügel es auf beachtliche Höhen von über 130 Meter bringen.

Der Naturpark Feldberger Seenlandschaft, eines der gewässerreichsten und am dünnsten besiedelten Gebiete Deutschlands, zählt zu den letzten und schönsten Rückzugsarealen für Seeadler und stadtmüde Seelen. Den ältesten Buchenwald Deutschlands, die Heiligen Hallen, gibt es hier, dazu 69 unverfälschte Klarwasserseen. Die abwechslungsreiche Landschaft des 34 500 ha großen Naturparks ist ein „Freilichtmuseum eiszeitlichen Geschehens". Der Pommersche Eisvorstoß der Weichsel-Kaltzeit hat hier vor etwa 15 000 Jahren eine idyllische Endmoränenlandschaft geschaffen. Mal sanftwellig, dann wieder zum Ufer hin schroff abfallend, repräsentiert sie geradezu lehrbuchhaft eine glaziale Serie aus Grundmoräne, Endmoräne, Sander und Schmelzwasserrinne. Acht Seen treffen im Bogen zweier Endmoränenwälle aufeinander. Inmitten dieses glazialen Formenschatzes mit Seen, Weiden, Brüchen, Mooren und Wäldern liegen weite Felder, die stellenweise von Söllen bzw. Toteislöchern, kleinen, meist kreisrunden Weihern, durchsetzt sind. Es sind die letzten Zeugen von einst 150 000 Söllen, von denen die meisten in Mecklenburg-Vorpommern durch Entwässerungsmaßnahmen zu DDR-Zeiten

Der Herrenweg bei Feldberg führt in das Waldgebiet der Heiligen Hallen, die bis in den Herbst hinein von Buchenlaub überdacht sind.

verschwunden sind. Zu 45 % besteht der Naturpark heute aus landwirtschaftlichen Flächen. Der Boden ist so steinig, dass die Felder einstmals auch als Teststrecke für landwirtschaftliche Maschinen dienten.

Von Mai bis Juni leuchtet Klatschmohn scharlachrot auf den Wiesen der Feldberger Seenlandschaft, deren sanfte Kuppen aus Moränenschutt der letzten Eiszeit gebildet werden.

Der Schmale Luzin, ein eiszeitlicher Rinnensee

Die Vielfalt der nacheiszeitlichen Seen ist das Ergebnis von Toteis und Schmelzwassererosion. Vorrückendes Gletschereis bildete tiefe Rinnen und Mulden, die zunächst mit Eis ausgefüllt und anschließend mit Moränenschutt überdeckt wurden. Später schnitt sich das abfließende Schmelzwasser tief in den Untergrund ein. So entstanden Zungenbeckenseen wie der Zansen oder typische Rinnenseen wie der Schmale Luzin. Smaragdgrün spiegelt der maximal 300 m breite und 34 m tiefe Schmale Luzin die dichten Buchenwälder an seinen steilen Uferhängen. Canyonartig durchzieht er in seiner eiszeitlichen Rinne die Landschaft – der maximale Höhenunterschied zwischen Seebecken und Moränenhöhen beträgt beispielsweise am Hullerbusch 66 m. Dieses rund 7 km lange Gewässer ist der längste See des Gebiets und außerordentlich klar, noch in bis zu 8 m Tiefe kann man die Fische sehen. Kleine Maräne, Barsch und Quappe tummeln sich in dem

Der Naturpark Feldberger Seenlandschaft ist ein Adlerrevier – und eine Landschaft, die mustergültig das Wirken der Eiszeit zeigt.

Hol över – der Fährmann pendelt tagein, tagaus über den Schmalen Luzin, um Menschen und Gepäck von einem ans andere Ufer zu befördern (ganz oben).

Auf den Magerrasen der Naturschutzgebiete Hauptmannsberg und Schmaler Luzin weidet eine Herde von Mutterschafen. Die robusten Rauwolligen Pommerschen Landschafe bewahren so das Gelände vor der Verbuschung (oben).

Wasser, das nicht immer die Qualität von heute besaß. Obwohl der See schon 1967 unter Naturschutz gestellt wurde und ab 1968 für den Motorbootverkehr gesperrt war, verschlechterte sich die Wasserqualität des ursprünglich nährstoffarmen Sees u. a. durch Zuflüsse aus dem immer nährstoffreicher werdenden Haussee. Es kam zu Sauerstoffmangel im Tiefenwasser. 1969 wurde der Seerosenkanal, die direkte Verbindung vom belasteten Haussee zum Schmalen Luzin, verschlossen, sodass der Schmale Luzin nur noch vom Breiten Luzin gespeist wurde.

Der Schmale Luzin musste „beatmet" werden

Im Süden entwässert er in die unteren Feldberger Seen, zu denen auch der Carwitzer und der Dreetzsee gehören. Ein Therapieprogramm, kombiniert aus künstlicher Kalzitfällung und Tiefenwasserbelüftung, führte Ende der 1990er-Jahre zur Erholung des Schmalen Luzins, in dem nun wieder der seltene garnelenartige, etwa 2,5 cm große Reliktkrebs und die Kleine Maräne schwimmen. In diesem Zustand wird der See auch wieder seinem Namen gerecht, der aus dem slawischen *Lu* stammend so viel wie „Licht" oder „Klarheit" bedeutet. Der See gehört mit seinen bewaldeten Ufern zum 340 ha großen Naturschutzgebiet Hullerbusch und Schmaler Luzin. Eine handbetriebene Drahtseilfähre verbindet das westliche Ufer unterhalb der Stadt Feldberg mit dem Ostufer, an dem sich die Hullerbusch-Endmoräne mit dem 400 m langen und 30 m breiten „Hünenwall" erhebt. Diese weitgehend unveränderte Blockpackung ist eine der 13 noch in Mecklenburg-Vorpommern erhaltenen und geschützten Vorkommen natürlicher Anreicherungen größerer Geschiebe am Rand des Inlandeises. Sie trennt die Grundmoräne von der Endmoräne und verrät, wie weit hier einst die Gletscher der Weichsel-Eiszeit vorgedrungen sind. Um dieses Zeugnis eiszeitlicher Vorgänge vor dem Steinabbau zu bewahren, wurden sie bereits in den 1930er-Jahren unter Naturschutz gestellt. Die Steilhänge zum See sowie die Kesselmoore, oftmals sind es verlandete Sölle, sind Totalreservat; der dazwischen gelegene Wald wird schonend bewirtschaftet. Im artenreichen Altwald wachsen Buchen, Perlgras und Schattenblumen.

Stille Badebuchten an glasklaren Seen

Südlich des Naturschutzgebiets Hullerbusch und Schmaler Luzin schließt sich auf einer Landzunge zwischen dem Carwitzer See und dem Zansen das 42,2 ha große Naturschutzgebiet Hauptmannsberg an. Schafe weiden auf blühenden Magerrasen und bewahren ihn so vor der Verbuschung. Der von Brombeerhecken, Schlehenbüschen und Ginster flankierte Naturlehrpfad führt über den mit Findlingsblöcken übersäten Hauptmannsberg, die mit 121 m höchste Erhebung des Naturschutzgebiets. Über 100 Steinhügelgräber aus der Bronzezeit (2200–800 v. Chr.) zeugen von der frühen Besiedlung des Feldberger Seengebiets. Von einer Bank neben einem solchen Steinhügelgrab auf dem höchsten Punkt des Hauptmannsbergs hat man einen herrlichen Blick auf den Zansen und den Carwitzer See. Wer mit dem Boot über den Schmalen Luzin den Carwitzer See ansteuert, muss sich durch die flache Bäk, wie das kleine Fließ, das sich durch einen Erlenbruch windet, hier genannt wird, durchkämpfen und ein Stück weit sein Boot auch über eine Umtragestelle schleppen.

Der Carwitzer See, mit rund 400 ha der größte See des Feldberger Seengebiets, lohnt diese Mühe. Ruder- und Paddelboote gleiten über die glitzernde Fläche, die von neun Inselchen unterbrochen wird, und landen an naturbelassenen Badestellen an. Kinder hopsen von umgestürzten Buchen ins Wasser. Beschauliche Einsamkeit herrscht weiter nördlich, wo sich an den Carwitzer See der über 160 ha große und über 42 m tiefe, von steilen Buchenhängen, Wiesen und Brachland umgebene Zansen anschließt. Am südwestlichen Ufer des Carwitzer Sees liegt der gleichnamige Ort. Obwohl sich sein Name vom slawischen Wort *Karvica* („Ort der Kühe") herleitet, war Carwitz schon 1216 eher ein Fischerdorf, umgeben von vier fischreichen Seen, dem Carwitzer See, dem Zansen, dem Schmalen Luzin und dem Dreetzsee. Heute ist Carwitz ein im Sommer gut besuchter

Von Obstbäumen gesäumte und mit Feldsteinen gepflasterte historische Poststraßen führen durch die stille Landschaft bei Carwitz – ein Bild wie aus alten Tagen.

Der nur wenige Kilometer südöstlich von Feldberg gelegene Ort Carwitz wird auch „Hans-Fallada-Dorf" genannt. In seinem Haus am See erlebte der Schriftsteller Fallada produktive Jahre.

Urlaubsort mit blühenden Vorgärten und hohen Bäumen, mit einer schlichten Fachwerkkirche aus dem frühen 18. Jh. mit freistehendem Glockenstuhl und einer Sockelgeschoss-Holländermühle von 1896 am anderen Ende der Dorfstraße. Vor allem seinem berühmtesten Bewohner, dem Schriftsteller Hans Fallada, verdankt er seinen Bekanntheitsgrad. In der südwestlichsten Ecke des Carwitzer Sees gewährt eine von seltenen Sumpf- und Wasserpflanzen überwucherte Furt Durchfahrt zum 63 ha großen Dreetzsee, der den 9,50 m tiefer gelegenen, 65 ha großen Krüselinsee mit Sickerwasser, das über mächtige Kiesschichten gefiltert wird, versorgt. Ansonsten nur noch von Regenwasser gespeist, gilt der nährstoffarme mesotrophe Klarwassersee mit einer Sichttiefe von 12 m als der sauberste unter den Feldberger Seen. Um dieses Seerosenparadies, das eingebettet in Hügelland liegt und fast völlig von Wald umschlossen ist, mit dem Boot zu erreichen, muss man dieses jedoch einige Hundert Meter weit über Land tragen.

Der Feldberger Haussee und der Breite Luzin

Rudolf Virchow nannte die kleine Stadt Feldberg „eine der schönstgelegenen Sommerfrischen Norddeutschlands". Erst 1910 wurde die Gemeinde durch eine Stichbahn mit Neustrelitz verbunden, dennoch hatte sie schon Mitte des 19. Jh. Kurgäste. Aus dieser Zeit stammt auch die neugotische Kirche mit ihrem 54 m hohen Turm. Entstanden ist Feldberg aber schon im 13. Jh. auf der Halbinsel Amtswerder, die 750 m weit in den Feldberger Haussee hineinragt. Auf den Grundmauern der alten Grenzburg, dem „festen Hus", das dem See seinen Namen gab, steht seit 1782 das nach dem Amt des höchsten Landesbediensteten der fürstlichen mecklenburg-strelitzischen Besitzer benannte Drostehaus. Dieses Drostehaus ist heute eines der schönsten Hotels Feldbergs – mit eigener Badestelle am Haussee, einem eiszeitlichen Zungenbeckensee, in den seit Jahrzehnten keine Abwässer mehr fließen. Doch noch gilt der rund 130 ha große Haussee, auf dem zudem Sportmotorboote zugelassen sind, leider als nährstoffreichster unter den Feldberger Seen. Er gliedert sich in drei Becken, das maximal 12 m tiefe Nordbecken mit der Insel Grabenwerder und der Liebesinsel, das bis zu 9 m tiefe Stadtbecken und den weniger als 10 m tiefen Kleinen Haussee. Dieser wird vom Stadtbecken durch die Halbinsel Amtswerder getrennt.

Der Haussee ist über den 1820 gebauten Luzinkanal mit dem Breiten Luzin verbunden, der mit 58,50 m nach dem Schaalsee in Westmecklenburg der zweittiefste See des Bundeslands ist. Ringsum liegt unverbaute Weite. Die Landschaft erinnert ein wenig an Kanada – dabei ist Berlin nur knapp 130 km entfernt. Der als „Lütter See" bezeichnete nördliche Seeteil ist mit einer Durchschnittstiefe von ca. 10 m jedoch wesentlich flacher als der Hauptsee. Weite Bereiche des relativ steilen Westufers sind von Buchen gesäumt; am gegenüberliegenden Ufer breitet sich ein dichter Schilfgürtel aus. Aal, Hecht, Barsch, Kaulbarsch, Quappe, Kleine Maräne, Schleie sowie diverse Weißfischarten angelt man hier am besten vom Boot aus. Für die Reinheit dieses Gewässers bürgt die Luzinmaräne, auch „Tiefenmaräne" oder „Quietschbauch" genannt. Dieser Fisch ist als eiszeitliches Relikt das einzige bisher in Mecklenburg-Vorpommern bekannte endemische Wirbeltier, das sogar die zeitweilige Eutrophierung (also die zu starke Nährstoffanreicherung) des Luzins überlebt hat. Obwohl der 1847 erbaute Erddamm Durchlass zum Schmalen Luzin gewährt, wurde dieser Fisch bislang nur im Breiten Luzin gefunden.

Der Reiherberg bietet einen schönen Blick auf das Städtchen Feldberg und den buchtenreichen Haussee. Unübersehbar grüßt der hohe Turm der Stadtkirche aus dem 19. Jh.

Kleine Bootshäuser schmiegen sich an das flache, stellenweise von einem Schilfgürtel eingenommene Ufer des Haussees.

Feldberger Seenlandschaft – wo die Eiszeit zum Greifen ist | 131

Porträt

Der Naturschutzwart Fred Bollmann

Fred Bollmanns Stimme schallt über den Breiten Luzin: „Na kooomm. Hol Dir den Aal." Er wirft den Fisch über Bord seines Boots und aus den Baumwipfeln am Ufer gleitet ein Seeadler in den blassblauen Morgenhimmel. Die Flügelspannweite ist breiter als das Boot lang, das immerhin über 2 m Länge aufweist. „Psst, jetzt kein Wort", warnt der Ranger. Atemlose Spannung herrscht bei den Passagieren, selbst Bootshund Benny verharrt regungslos. Plötzlich stürzt sich der Greifvogel auf seine Beute und schwingt sich, den Aal wie eine Schlange in seinen Klauen, wieder in die Lüfte. „Mein Aalfred", Bollmann grinst und streicht stolz über die Adlerfeder an seinem Lederhut.

Bollmanns sensationelles „Seeadler-Catering"

Fred Bollmann, 1963 in Feldberg geboren, einst Forstfacharbeiter und Naturpark-Ranger, ist heute selbstständig und als Naturschutzwart tätig. Sein „Seeadler-Catering" ist sensationell, nirgendwo sonst kommt man den scheuen Vögeln so nahe. Mit Fred Bollmanns Unternehmen Ranger-Tours können sich Hobbyornithologen, Naturliebhaber und Tierfotografen auch Rot- und Schwarzmilanen so weit nähern, wie dies kaum möglich scheint. „Fast zwei Jahre hat es gedauert, bis ich mit einfühlsamer Kontaktaufnahme und geübten Futtertricks das Vertrauen der Vögel gewinnen und die Fluchtdistanz auf etwa 20 m verringern konnte", erinnert sich Fred Bollmann. Damit der Köderfisch nicht untergeht, spritzt er ihm ein wenig Luft unter die Haut.

Mit ihm kamen die Adler

Vor Fred Bollmann gab es keine Fischadler als Brutvögel am Breiten Luzin. Erst nachdem er 1990 auf der Halbinsel Mönkenwerder in der Spitze einer Fichte, sodass die Vögel von allen Seiten freien Anflug haben, einen im Durchmesser 1,20 m breiten Kunsthorst gebaut hatte, zogen diese majestätischen Vögel hier ein. Allerdings dauerte es zehn Jahre, bis ein Fischadlerpaar in dem Nest Junge großzog. 2001 dann störten unglücklicherweise „wilde Camper" auf der Halbinsel den Brutvorgang. Die Fischadler verließen das Nest, das aber bald darauf von einem Seeadlerpaar entdeckt wurde. So kamen im Februar 2002 in diesem

Fred Bollmanns Bootshund Benny ist bei jeder Fahrt dabei.

Gut sichtbar präsentiert Fred Bollmann dem König der Lüfte ein kräftiges Mahl ...

Horst die ersten Seeadlerjungen zur Welt. „Die Vögel, vor allem auch der Fischadler, der kaum noch natürliche Nistmöglichkeiten bei uns findet, brauchen menschliche Hilfe", sagt Fred Bollmann, der schon als Kind gerne die gefiederten Bewohner des Feldberger Seengebiets beobachtet hatte. Inzwischen hat er fast ein Dutzend neuer Horste für Fischadler gebaut. Auch ein Schwarzstorch und baumbrütende Wanderfalken profitierten von seiner Leidenschaft für die heimische Vogelwelt.

Im Jahr 2013 wurde Fred Bollmann mit dem Preis „Forschen-Schreiben-Schützen" der Erwin-Hemke-Stiftung für seine Bemühungen um die Wiederansiedlung von Fluss-Seeschwalben in der Feldberger Seenlandschaft ausgezeichnet. Auf dem Breiten Luzin und am Hechtsee, später direkt an seiner Station am Haussee, legte er Schwimminseln als Nisthilfen aus. „Sein" Seeadlerpaar ist inzwischen das wohl berühmteste Deutschlands, nicht zuletzt auch durch den über 90-minütigen Kinofilm *Deutschlands wilde Vögel* des Tierfilmers Hans-Jürgen Zimmermann.

Den Augen eines Seeadlers entgeht nichts. Im Sturzflug greift er seine Beute aus dem Wasser, einen Aal. Der große Hecht könnte selbst für einen Adler zu schwer sein.

Der Naturschutzwart Fred Bollmann | 133

Rund um den Tollensesee – Backsteintore und Burgen

Der Tollensesee ist ein Ausflugsziel mit Tradition. Er liegt unweit von Neubrandenburg und hat schon so manche „hohe Herrschaft" angezogen, was auch eine im 18. Jh. gebaute Sommerresidenz zeigt. Von der Vier-Tore-Stadt ist es nur ein Katzensprung ans Seeufer mit Badestrand und Schiffsanleger.

Schon die Großherzogin von Mecklenburg-Strelitz genoss die Aussicht vom klassizistischen Palais Belvedere oberhalb des Tollensesees.

Südwestlich von Neubrandenburg liegt inmitten einer anmutigen Hügellandschaft der Tollensesee. Der über 10 km lange und bis zu 3 km breite See entstand vor etwa 15 000 Jahren im Becken einer Gletscherzunge am Rand des Inlandeises. Schon Herzog Adolf Friedrich IV. zu Mecklenburg-Strelitz ließ 1775 in Neubrandenburg seine Sommerresidenz bauen und ergänzend dazu am steilen Westufer des Tollensesees ein kleines Sommerhaus. Großherzogin Marie ließ sich 1823 an dieser Stelle ein Belvedere im Stil eines griechischen Tempels errichten. Um 1830 fanden auf dem Tollensesee erste Lustfahrten mit dem herzoglichen Segelboot statt. Heute zieht das Fahrgastschiff *Mudder Schulten* hier seine Runden.

Neubrandenburg – die Stadt der vier Tore

Die Kampfhandlungen während des Zweiten Weltkriegs hatten die Stadt beinahe völlig in Schutt und Asche gelegt. Das historische Rathaus und das herzogliche Palais sind seitdem verloren. Eher nüchterne Wohnblockarchitektur beherrscht daher heute das Stadtbild, das jedoch noch immer auf dem mittelalterlichen, kreisförmigen Grundriss beruht. Die heutigen Straßen gliedern die Stadt schachbrettartig. Den stärksten Kontrast zur neuzeitlichen Bebauung erzeugt eine 2,3 km lange und über 7 m hohe historische Stadtmauer, die den unschätzbaren Wert der Backsteingotik Neubrandenburgs erkennen lässt. Dieses seltene denkmalgeschützte Zeugnis mittelalterlicher Wehr- und Verteidigungsarchitektur hat Neubrandenburg als Stadt der vier Tore weit über die Region bekannt gemacht. Fialen, Ziergiebel, Rosetten, Friese und Bänder in verschwenderischer Fülle schmücken die Stadttore, besonders deutlich das Stargarder und das Treptower Tor. Das Stargarder Tor, der südliche Zugang der Stadt, trägt zudem neun fast lebensgroße Terrakottafiguren (Adorantinnen) in steifen Plisseegewändern. Das Treptower Tor ist mit 32 m das höchste Haupttor. Bereits 1873 wurde es zu einem städtischen Museum, dem ältesten bürgerlichen Museum in Mecklenburg-Strelitz, ausgebaut; es beherbergt die Ausstellung des Regionalmuseums Neubrandenburg zur Ur- und Frühgeschichte. Das Neue Tor, das ebenfalls mit Adorantinnen (Beterfiguren) verziert wurde, entstand als jüngstes der Tore erst nach 1450. Das älteste und zugleich am besten erhaltene Stadttor ist das Friedländer Tor, dessen 20 m hohes Haupttor bereits um 1300 gebaut wurde. Die vier Stadttore sind die Schmuckstücke der alten Befestigungsanlage, dazwischen reihen sich 25 kleine weiße Wiekhäuser (von einst 56) zu einem ebenso harmonischen wie ungewöhnlichen Gesamtwerk. Zwei- oder dreigeschossig schmiegen sie sich in unregelmäßigen Abständen in die Mauer und geben dem trutzigen Bauwerk eine heitere Note. Nach 1650 zu Wohnungen ausgebaut, beherbergen sie heute Boutiquen, Galerien und Cafés.

Auch die im 13. Jh. erbaute Marienkirche brannte im Jahr 1945 bis auf die Umfassungsmauern und Teile des Turms aus. Heute dient dieser

Das prächtige Treptower Tor mit seinem üppigen Rosettenschmuck verrät den Reichtum der Stadt Neubrandenburg im Spätmittelalter. Heute beherbergt es eine Ausstellung des Regionalmuseums.

Neubrandenburgs Tore gehören zu den bedeutendsten Zeugnissen spätmittelalterlicher Backsteingotik.

Rund um den Tollensesee – Backsteintore und Burgen

Der Tollensesee liegt im Zungenbecken eines Gletschers der letzten Eiszeit zwischen Moränenhöhen, die sich bis zu 40 m über den See erheben. Weite Teile des Ufers sind bewaldet (rechts).

Im äußersten Norden fließt die Tollense als Oberbach aus dem See. Für den Schiffsverkehr viel zu flach, ist das Gewässer ein beliebtes Paddelrevier (unten).

Monumentalbau, der mit seinem Ostgiebel zu den bedeutendsten Werken der norddeutschen Backsteingotik zählt, als Konzerthalle. Der Stararchitekt Pekka Salminen hat mit seiner baulichen Ergänzung ein Meisterstück moderner Architektur geschaffen, welche die alte Bausubstanz voller Respekt zur Geltung bringt.

An den Ufern des Tollensesees

Ein 36 km langer Fahrradrundweg führt vom Nordufer des Tollensesees zunächst durch das 106 km² große Landschaftsschutzgebiet des Neubrandenburger Tollenseseebeckens. Durch den Stargarder Bruch fließen der Linde- und Gätenbach sowie der Steepengraben, die zum 515 km² großen Wassereinzugsgebiet des Tollensesees gehören. Bademöglichkeiten wie das Augustabad und schöne Ausblicke wie vom Aussichtsturm Behmshöhe im Waldgebiet Nemerower Holz oder von den Usadeler Höhen findet man rings um den See. Nur wenige Hundert Meter südlich des Tollensesees führt der Radweg zur Lieps, einem kleinen vorgelagerten See, der Teil des Naturschutzgebiets Nonnenhof ist, einem bedeutenden Vogelrast- und Brutgebiet. Etwa 170 Vogelarten brüten hier. See- und Fischadler sowie der Schwarzstorch finden auf der Halbinsel Nonnenhof gute Lebensbedingungen. Zudem rasten bis zu 17 000 Saat- und Blessgänse am Ufer der von Röhrichten gesäumten Lieps. Tauchen, Angeln und Bootfahren sind verboten, nur die Fahrgastschiffe *Rethra* und *Mudder Schulten* haben auf ausgewiesenen Wasserwegen Zugang zu diesem Revier. Auch die Fischerinsel im Südbereich des Tollensesees gehört zum Naturschutzgebiet. Die Inseln und Uferregionen im Süden des Tollensesees waren in slawischer Zeit besiedelt, dies belegen zahlreiche Funde. 1969 fanden Archäologen auf der Fischerinsel die erste hölzerne slawische Götterfigur auf deutschem Gebiet – ein Idol aus dem 11./12. Jh.; ein Abguss befindet sich im Regionalmuseum.

Alt Rehse – ein Ort mit dunkler Vergangenheit

Am südwestlichen Ufer des Tollensesees liegt ein Ort, der ein Idyll zu sein scheint und dennoch ein Ort des Schreckens war. Für eine Heimstatt der „Führerschule der Deutschen Ärzteschaft" wurde hier ein altes Gutsdorf fast vollständig abgerissen. 1934 begann der Aufbau schmucker rohrgedeckter Fachwerkhäuser in niederdeutscher Bauweise. 1935 pries der *Rostocker Anzeiger* das „Musterstück deutschen Bauens" als „Inbegriff harmonischen und naturverbundenen Wohnens". Hinter den hübschen Fassaden aber wurden Ärzte auf die Rassenideologie der Nazis eingeschworen. So folgen auch die Inschriften auf den Balken der Türstürze der Nazi-Zeitrechnung: „Haus Hamburg, erbaut im Jahre 3" oder „Haus Württemberg, erbaut im Jahre 4". 22 Einzel- und Doppelhäuser entstanden damals. Auch die 1893 erbaute Kirche wurde umgestaltet. Am Gutshaus klebte nun nicht mehr das Familienwappen der Familie Hauff, sondern der Reichsadler mit Kranz und Hakenkreuz. Am 1. Juni 1935 wurde die Einrichtung mit einer reichsweit ausgestrahlten Rede von Rudolf Heß eingeweiht. In der im Park errichteten Reichsärzteschule fanden bis 1943 Schulungen für Amts- und Jungärzte, Medizinalpraktikanten, Hebammen, Apotheker, Führungskräfte der Ärztekammer, der Kassenärztlichen Vereinigung und des NS-Gesundheitspolitischen Amtes statt.

Nach 1945 diente das Gelände u.a. als Kinderdorf Alt Rhese und später der Staatssicherheit, bevor es 1958 in den Besitz der Nationalen Volksarmee kam. 1999 „erbte" es die Bundeswehr. Nach jahrelangen Streitigkeiten mit der Rechtsnachfolgerin der Kassenärzlichen Vereinigung Deutschlands wurde entschieden, dass die Wohnhäuser von Alt Rehse ihren Bewohnern gehören. Der Verein Erinnerungs-, Bildungs- und Begegnungsstätte Alt Rehse und der Verein Beth Zion haben Ende 2009 eine gemeinnützige Gesellschaft gegründet, um das Gutshaus im Zentrum zu einem Ausstellungs-, Bildungs- und Studienzentrum auszubauen.

Ein Verein bemüht sich engagiert, im idyllisch wirkenden Alt Rehse die nationalsozialistische Vergangenheit des Ortes, als es Heimstatt einer menschenverachtenden „Führerschule der Deutschen Ärzteschaft" war, aufzuarbeiten. Das im Zentrum der Siedlung gelegene Gutshaus fungiert heute als Bildungs- und Begegnungsstätte.

Auf dem Weinberg der mittelalterlichen Burg Stargard reifen überwiegend Reben der Sorte Regent.

Burg Stargard – Weinbau seit 500 Jahren

Die mächtige Backsteinburg auf einem der sieben Hügel, die das Landstädtchen umgeben, rühmt sich etlicher Superlative. 1236–1270 unter den brandenburgischen Markgrafen Johann I. und Otto III. erbaut, ist sie die älteste Burganlage Mecklenburgs, zugleich das älteste profane Bauwerk Mecklenburg-Vorpommerns mit dem bislang tiefsten (15 m) Turmverlies Norddeutschlands und zudem die nördlichste Höhenburg Deutschlands. Wie eine Ausstellung im Burgmuseum dokumentiert, ist es etwa 500 Jahre her, dass Herzog Heinrich V. zu Mecklenburg in Stargard den ersten Weinberg anlegen ließ. 2004 wurde das Stargarder Land offiziell in den Stand des nördlichsten Weinbaugebiets Deutschlands erhoben. Vor mehr als 50 Jahren wurden die Hänge des Burgbergs mit Obstbäumen bepflanzt. Seit den Nachpflanzungen im Jahr 2004 entsteht hier die größte zusammenhängende Streuobstwiese Mecklenburg-Vorpommerns. Ein weißes und rosafarbenes Blütenmeer breitet sich jedes Frühjahr über den Hügeln aus. In der sonnigen Lage reifen mecklenburgische Apfel-, Birnen- und Kirschsorten aus Züchtungen der letzten Jahrhunderte.

Der Name der Stadt zu Füßen der Burg geht zurück auf das slawische „stari gard" und bedeutet „alte Burg". Seit die Stadt 1919 die Burg erworben hat, nennt auch sie sich Burg Stargard. Verputzte und unverputzte Fachwerkhäuser, die nach dem Stadtbrand von 1758 entstanden, stehen in schmalen Gassen, die der Zweite Weltkrieg glücklicherweise weitgehend verschont hat. Die im Ursprung aus dem 13. Jh. stammende Kirche mit dem eleganten Barockaltar wurde im 18. Jh. umgebaut. Leise plätschert der Lindebach auf seinem Weg von den Helpter Bergen (mit 179 m die höchste Erhebung Mecklenburg-Vorpommerns) zum Tollensesee durch die Stadt, in die alte Lindenalleen führen.

Penzlin – Burg mit Hexenkeller

„Ein artiges Städtchen mit alter Mauer, bebuschtem Wall und einer verfallenen Burg; ein weites, sanfthügeliges Stadtgebiet […]", so beschrieb der wohl berühmteste Bewohner von Penzlin, Johann Heinrich Voß (1751–1826), den Ort. Den Worten des Übersetzers von Homers *Illias* und *Odysee* ist nicht viel hinzuzufügen. Seit ihrer Sanierung Anfang der 1990er-Jahre kann man wieder die vollständige Anlage der Burg mit Burghof, Burggarten, Resten der alten Stadtmauer und einer neuen Burghofmauer erkunden. Als einstiger Hort der in Mecklenburg noch bis weit in das 18. Jh. praktizierten Hexenverfolgungen ist sie der kulturhistorisch spannende und etwas unheimliche Anziehungspunkt des Städtchens. Im 13. Jh. auf den Überresten einer slawischen Burganlage errichtet, wurde sie im Laufe der Jahrhunderte mehrfach erweitert und umgebaut. Das Rittergeschlecht der Maltzans baute sie im 15. Jh. zu einer bedeutenden Wehranlage aus. Im 16. Jh. entstand auch der Hexenkeller, das wohl eindrucksvollste und gleichzeitig beklemmende Zeugnis damaliger Folterpraxis und heutiges Herzstück des in der Burg beheimateten Museums für Hexenverfolgung und Magie. Denn Mecklenburg gehörte zu den Hochburgen der europäischen Hexenverfolgung; nachweislich 4000 Hexenprozesse wurden vom 14. bis in das 18. Jh. geführt. Eine schmale steile Treppe führt tief unter die Erde in die Folterkammer und das Verlies der Burg, in denen nachgebaute Hilfsmittel sogenannter peinlicher Befragungen, wie Daumenschrauben, ein stacheliger Folterstuhl und andere Marterwerkzeuge, den Besuchern Schauer über den Rücken jagen. An den Wänden befinden sich Nischen, in denen die „Hexen" angekettet wurden, hoch über dem Boden, damit sie, fernab vom Boden, also vom „Machtbereich des Teufels", ihre magischen Kräfte verlören.

Die Burg mit ihrem wuchtigen Turm gilt als nördlichste Höhenburg Deutschlands. Seit 1992 belagern sie zum sommerlichen Burgfest wieder Ritter, Gaukler und fahrende Händler (ganz oben).

Dieses Streckbett im Hexenkeller der Burg gehörte im Mittelalter zu den gefürchtetsten Folterinstrumenten (oben).

Mythos Königin Luise

Hohenzieritz – Erinnerungen an die Preußenkönigin Luise

Die bemerkenswerteste Königin der Preußen ist eine Mecklenburgerin. Geboren wurde sie zwar 1776 in Hannover, ihr Vater aber war der Erbprinz Karl von Mecklenburg-Strelitz, der 1794 den Thron des kleinen Herzogtums Mecklenburg-Strelitz bestieg. Im selben Jahr heiratete in Berlin der preußische Kronprinz Friedrich Wilhelm III. die schöne Luise Auguste Wilhelmine Amalie Herzogin zu Mecklenburg. Mit ihren Charme bezauberte sie bald halb Europa. Sie brachte Dichter zum Schwärmen und Diplomaten aus dem Konzept. Sogar Napoleon war von ihr beeindruckt. Zehn Kinder brachte sie zur Welt und war doch ihrem königlichen Gatten mehr Gefährtin als nur treusorgende Gattin. Die raren Besuche bei ihrem Vater in Mecklenburg waren ihr kostbar. Im Juni 1810 trat sie ihre letzte Reise an. Übermütig sandte sie zuvor noch einen Brief an den Vater: „Ich bin so glücklich, wenn ich daran denke, dass ich Euch beinahe acht Tage in Strelitz sehen werde – ... Hussasa, trallala, bald bin ich bei Euch ...". Doch auf dem väterlichen Schloss in Hohenzieritz erkrankte Luise und starb am 19. Juli 1810.

Volkstrauer um Luise

Luises Tod löste eine Massentrauer aus. Schon 1813 beauftragte Luises Vater den Baukonduktateur Christian Philipp Wolff mit der „Dekorierung" des Sterbezimmers. Es entwickelte sich ein Mythos um „Königin Luise", in dem sich im Laufe von Jahrzehnten frankreichfeindlich-nationale Züge mit antifeministischen Elementen vereinten. Nach 1945 brach diese Tradition

Landbaumeister Friedrich Wilhelm Dunkelberg ließ die 1806 eingeweihte Schlosskirche als Rundbau errichten.

ab – die wahre Person der Königin wurde zum Forschungsobjekt der Geschichtswissenschaft.

2007 schließlich konnte die Gedenkstätte dank der Initiative des Schlossvereins unter der Leitung von Hans-Joachim Engel wiedereröffnet werden. So wurde auch die Illusionsmalerei nach Schinkel-Motiven von 1888 an den Wänden des Sterbezimmers wiederhergestellt. Auf dem ebenfalls nach Entwürfen von Schinkel aus grau-weißen Fliesen gestalteten Fußboden steht ein Abguss der zweiten Fassung des Luisen-Sarkophags von Christian Daniel Rauch. Auch die 1834 von ihm eigens für das Sterbezimmer gefertigte marmorne Luisen-Büste, die viele Jahrzehnte als verschollen galt, ist zurückgekehrt. Das große Luisen-Porträt schließlich fand Joachim Engel auf einem Flohmarkt. Geschenke und Leihgaben füllen den Vorraum.

Hinter dem von zwei Kavaliershäusern flankierten klassizistischen Schlossgebäude erstreckt sich Mecklenburgs ältester englischer Landschaftspark. Hier verbrachte Luise oft Stunden, „einen seidenen Schlafrock angetan", wie Friedrich Wilhelm in seinen Erinnerungen an Luise schrieb. „Der Tee wurde rechter Hand des Hauses nahe der Kegelbahn in einem anmutigen Garten mit Rosenpartie getrunken, von der man eine sehr freundliche Aussicht nach Prillwitz und der Tollense genoss, Und es war die letzte, die sie sehen sollte."

Am Lieblingsplatz von Königin Luise steht im Park ein Gedenktempel. Darin befindet sich eine Kopie der nach ihrer Totenmaske gearbeiteten Büste von Daniel Christian Rauch (ganz oben).

Um 1880 wurde das Sterbezimmer von Luise letztmalig in größerem Ausmaß umgestaltet (oben).

Hintergrundbild: Das frühklassizistische Schlossensemble Hohenzieritz wurde baulich nie verändert.

Mythos Königin Luise | 141

Kulinarisches Mecklenburg – von bodenständig bis ländlich fein

Mecklenburg war noch nie ein reiches Land. Bauern und Fischer mussten in erster Linie satt werden. In den Herrenhäusern wurde selbstverständlich aufwendiger gekocht. Doch seit einigen Jahren sorgen Spitzenköche, Biobauern und -märkte vermehrt für Aufmerksamkeit. Für ihre Genussküche verwenden sie vorwiegend regionale Produkte aus ökologischem Anbau.

„Watt de Buer nicht kennt, dat itt hei nicht", ist ein geflügeltes mecklenburgisches Wort. Und traditionell bevorzugte der Mecklenburger deftige Speisen wie Kloppschinken, Tollatschen (ein aus Vorpommern stammendes Kloßgericht aus Schweineblut, Schweinefleischbrühe, Mehl, Brötchen, Schwarte, Eiern, Rosinen und Sirup), Pannfisch, Appelgriebsch, Tüften und Plum. Eine landläufige Speisefolge von 1860 sah folgenden Speiseplan für den Tag vor: Ein Morgenbrot um 5 Uhr mit Milchsuppe und Speckkartoffeln, ein Imbiss gegen 8 Uhr, dazu Brot und Speck und selbstgebrautes Bier, Mittagessen um 12 Uhr – Zusammengekochtes mit Speck oder Schinken, das Abendbrot gegen 16 Uhr mit Butterbrot und Speck und schließlich ein Kartoffelgericht gegen 20 Uhr.

In Mecklenburg wird der schmackhafte Grünkohl gerne als Wintergericht mit Kassler, Lungenwurst oder Schweinebacke angeboten.

Die neue Mecklenburger Küche vereint Tradition und Moderne. So mundet auch der Gänsebraten mit Backpflaumen und Äpfeln (links).

Die vitaminreichen Sanddornfrüchte werden gerne zu Saft, Likör, Gelee oder Kuchen verarbeitet (unten).

Grünkohl mit fettem Pökelfleisch war das Sonntagsessen der kleinen Leute. Gerne wurde dabei der Grünkohl zu einer derart dicken Suppe gekocht, dass ein Ei darin stehen konnte. Mit klarer Bouillon war kein Mecklenburger zu gewinnen. „Ick ät so giern Arwten/Mit Snut und Poten in/ Denn wull ick giern ok starben/Wenn'ck dat noch kriegen künn", besang der mecklenburgische Dichter Rudolf Tarnow eines seiner Lieblingsgerichte, dicke Erbsen, die man ruhig mit Messer und Gabel essen kann. Und der Kulturhistoriker Ludwig Fromm bemerkte damals, die Küche hier sei „nicht das Leckere und zarte, sondern das Schwere und Massenhafte". Eine Küche ohne Schnickschnack, aber mit vielen Kalorien, die Fischern und Bauern Kraft für ihr schweres Tagwerk gaben. Dabei erfreute sich die Kartoffel besonderer Beliebtheit. Kartüffel, Tüften oder auch Tüffel genannt, kam sie zu Speckstippe, Pökelfleisch oder als Suppe auf den Tisch. Tüften un Plum ist eine besonders dicke Kartoffelsuppe mit Pflaumen und Speck. Gekocht oder gebraten begleitet die Kartoffel noch heute Hecht, Zander, Barsch oder Aal. Auch der Hang zu Süßem in verdauungsförderndem Kontrast zu Saurem ist typisch für die mecklenburgische Küche. Backpflaumen an Gänse- und Rippenbraten, Rosinen im Grünkohl

Deftig ist die traditionelle Küche Mecklenburgs, leichter und der Region verbunden die moderne.

Kulinarisches Mecklenburg – von bodenständig bis ländlich fein | 143

kennt man hier ebenso wie den süß-sauren Geschmack gezuckerter Soßen mit Zitrone oder Senf. Die Nachspeisen heißen Mecklenburger Quarkspeise, Mecklenburger Schwarzbrotpudding oder Malchiner Götterspeise.

Mecklenburg auf dem Weg zum Genussland

Feinschmecker zwischen München, Berlin und Hamburg zweifelten lange am guten Geschmack im Land der Tüften und Tollatschen. Doch allmählich hat es sich herumgesprochen: Die Küche hier ist viel besser als ihr Ruf, sie hat sich entwickelt. Inzwischen weist Mecklenburg-Vorpommern ostdeutschlandweit die meisten Edellokale auf. Insgesamt kann sich das Bundesland für über 140 Spitzenrestaurants rühmen. 2014 stellte sich man sich hier mit neun Sternerestaurants an die Spitze der ostdeutschen Flächenländer. Gleich drei Restaurants in Mecklenburg-Vorpommern hat der Restaurant-Führer Michelin im Jahr 2013 neu mit einem Stern ausgezeichnet. Vom Gourmet-Führer Gault Millau wurden 24 Restaurants mit Kochmützen „geadelt". Dabei bedienen sich die Köche mit Vorliebe vor allem regionaler Produkte, denn es mangelt nicht an frischem Fisch, Wild und Vieh. Manche Äcker werden nach Prinzipien des ökologischen Landbaus bestellt. Auch bei der Viehzucht wird vielfach großen Wert nicht nur auf die artgerechte Haltung von Rindern, sondern auch auf Landschaftsschutz und -pflege durch die extensive Beweidung von Grünland gelegt. Obst, Gemüse und Getreide reifen in reiner Luft.

Angusrinder sind eine für die extensive Weidehaltung hervorragend geeignete Rasse. Ihr Fleisch zeichnet sich durch besondere Zartheit aus (ganz oben).

Die Produkte der zur Initiative „ländlich fein" gehörenden Bio-Bauernhöfe werden in Hofläden und in der gehobenen Gastronomie angeboten (oben).

144 | Mecklenburgische Seenplatte

„Landschaft kann man schmecken", sagten sich schließlich etliche Köche, Gastronomen, Produzenten und Lebensmittel-Handwerker und beschlossen im Jahr 2010, mit der Initiative „ländlich fein" die Aromen des Meeres und der Seen, der Salzwiesen und Wälder zu nutzen. Die inzwischen über 60 Mitglieder wollen regionales Genusshandwerk fördern, nachhaltige Esskultur etablieren und vor allem regionale Erzeuger hochwertiger Lebensmittel stärken. „Ländlich fein soll Mecklenburg-Vorpommern ein Gesicht als Genussland geben", bringt Sternekoch und Mitinitiator Tillmann Hahn das Ziel dieser kulinarischen Bewegung auf den Punkt. Einfachheit im Sinne von unverfälschten Naturprodukten ist der Reichtum der norddeutschen Küche – das haben inzwischen viele im Land erkannt. Viele Landgasthöfe, Kultkneipen und Schlossrestaurants überraschen mit einer verfeinerten, regional inspirierten Küche.

Seen, Flüsse und das nicht allzu ferne Meer sorgen für den stets frischen Rohstoff einer vielseitigen Fischküche.

Maräne und Co. stehen im Mittelpunkt der Müritzer Fischtage, an denen zahlreiche Restaurants rings um den Plauer See ihre Kunst in der Zubereitung heimischer Fische zelebrieren. Die Müritz-Fischer locken mit Maränenkaviar, und der Kaviar vom Hecht hat eine ebenso lange Tradition wie der Störkaviar. In Herrenhäusern kann man zur Gutsherrenwoche in der Mecklenburgischen Schweiz fürstlich speisen. Seit 2012 leuchtet ein Michelin-Stern über dem Restaurant *Alte Schule* in der Feldberger Seenlandschaft. Bemerkenswert ist dabei, dass das bauliche Ensemble mit dem Gotteshaus auf dem Fürstenhagener Kirchberg und dem umgewidmeten alten Schulgebäude überaus idyllisch und wirklich weltabgeschieden ist. Niemand vermutet in dieser dünn besiedelten Region ein Gasthaus der Spitzenklasse, es dürfte das rustikalste und abgelegenste Sternerestaurant Deutschlands sein.

Den Gourmethof in Below umgeben die Wiesen des Woblitzsees. Auf den Weiden grasen Angusrinder und Damwild. Eine Fläche von rund 100 ha bewirtschaftet der Biobetrieb, in dem die Tiere mit hofeigenem Futter ernährt werden. Für das Restaurant verarbeiten die Köche Damwild, Rind, Schwein von der Zunge bis zur Haxe. Bauernhofläden, Kräutergärten, Käser, Metzger, Moster vermarkten erfolgreich regionale Spezialitäten.

Auf den weiten Wiesen bei Carwitz weidet eine Herde Pommerscher Landschafe ganz allein. Mit den mehr als 350 Mutterschafen und deren Lämmern bewahren die Tiere die Magerrasen des Naturparks vor Verbuschung. Im Hofladen der Schäferin gibt es Schaf-Soljanka, Lammwiener und Ziegenmilcheis. Mit „Leib und Seele" setzt man im Feldberger Bioladen die Erkenntnisse vernünftigen Umgangs mit der Erde und Heimatliebe ganz pragmatisch um, indem man vor allem Produkte regionaler Erzeuger anbietet. Dafür reist der Inhaber Jörg Godenschweger landauf, landab zu Bauern, Fischern, Jägern, Imkern, zu Ziegenhöfen und Schäfern.

Kulinarisches Mecklenburg – von bodenständig bis ländlich fein

Auf Wasserstraßen quer durchs beschauliche Seenland

Die Mecklenburgische Seenplatte ist das größte zusammenhängende Wassersportrevier Mitteleuropas. Naturbelassene Flüsse, idyllische Kanäle und beschauliche Seen locken in den Sommermonaten zahlreiche Wasserwanderer nach Mecklenburg.

Ein Sommerurlaub allein würde bei weitem nicht ausreichen, um die unüberschaubare Wasserfläche Mecklenburgs zu erkunden. Die große Schar der Wasserwanderer verliert sich auf großen oder kleinen, auf verwinkelten, oftmals weitläufig untereinander verbundenen Seen. 185 km² Wasserfläche sind schleusenlos mit der Müritz verbunden. Über die Müritz-Havel- und die Müritz-Elde-Wasserstraße ist dieses ausgedehnte Seengebiet auch mit Berlin und Hamburg verbunden. Für viele Gemeinden brachten die Kanäle in der Frühzeit der Industrialisierung wirtschaftliche Impulse. Die Eisenbahn ließ jedoch später nicht nur in Mecklenburg die Kanäle für den Warentransport unbedeutend werden.

Zwischen der Elbe bei Dömitz und Plau verläuft die Müritz-Elde-Wasserstraße als schmaler Kanal durch die Wälder und Wiesen Mecklenburgs.

Müritz-Elde-Wasserstraße

Die Hamburger schippern über die Müritz-Elde-Wasserstraße nach Mecklenburg. Ein Gefälle von 49 m, aufgeteilt in insgesamt 17 Schleusen, erwartet die Bootsfahrer, die nach 121 km bei Plau die großen Seen der Mecklenburgischen Seenplatte erreichen. Gesäumt von abwechslungsreicher Landschaft aus Wiesen und Wäldern, mitunter seenartig ausufernd, gilt sie als eine der schönsten Wasserstraßen Europas. Das ursprüngliche Flussbett der Elde, Mecklenburg-Vorpommerns längstem Fluss, ist von der Quelle bei Darze, westlich der Müritz, bis zur Mündung in die Elbe 208 km lang. Der kanalisierte Verlauf kommt auf eine Länge von 180 km.

Die seit 1568 schiffbare Wasserstraße, die im 19. Jh. weiter ausgebaut wurde und in den 1930er-Jahren die heutige Tiefe und Schiffsmaße erhielt, sollte ursprünglich dazu dienen, künftig auf dem Wasserweg Richtung Hamburg zu gelangen, ohne der Mark Brandenburg zollpflichtig zu werden. Dazu musste es aber gelingen, eine Schiffsverbindung von Schwerin zur Elbe ausschließlich über mecklenburgisches Territorium zu führen. Heute nutzen vor allem Sportboote den Kanal. Hin und wieder münden alte Eldearme, die aber nur gelegentlich mit Paddelbooten und Kanus passierbar sind, in die Wasserstraße. Südlichste Station in Mecklenburg ist Dömitz. Hier an der Elbe beginnt mit dem Kilometer 0,00 die Müritz-Elde-Wasserstraße. Die Schleuse mit einer 50 m langen und 9 m breiten Schleusenkammer liegt bei Kilometer 0,95 und wird noch per Hand von einem Schleusenwärter bedient. Am Elbehafen Dömitz mit Schwimmsteganlage und Sportbootliegeplätzen laden Strandbar, Hafenrestaurant und Panoramacafé zum Zwischenstopp ein. Die Schleuse bei Dömitz, die aufgrund ihrer Grenzlage zwischen

Wegen ihrer schmalen Schleusen wird die alte Müritz-Havel-Wasserstraße meist nur von Sportbooten genutzt (ganz oben).

Die Schleuse Neu Kaliß gehört zur Müritz-Elde-Wasserstraße. Sie überwindet einen Höhenunterschied von 1,80 m.

Heute sind die wirtschaftlich einst bedeutsamen Wasserstraßen in Mecklenburg ein beliebtes Revier von Freizeitkapitänen.

Auf Wasserstraßen quer durchs beschauliche Seenland

Wer an sonnigen Wochenenden mit dem Boot auf der Müritz-Havel-Wasserstraße vom Großen zum tiefer gelegenen Kleinen Peetschsee möchte, muss sich an der Diemitzer Schleuse mitunter in eine längere Warteschlange einreihen.

Der Mirower Kanal verbindet die Kleine Müritz und damit die Müritz-Elde-Wasserstraße mit dem Mirower See.

Ost und West lange dem Verfall preisgegeben war, öffnete am 21. Mai 1992 wieder den Wasserweg, der von Dömitz über Grabow, Neustadt-Glewe, Parchim, Plau sowie Malchow führt, und nach Querung der Mecklenburgischen Oberseen bei Buchholz endet. Aufgrund der vielen Schleusen fließt die kanalisierte Elde mecklenburgisch gemächlich dahin und eignet sich so auch gut für Paddelboote.

Auch die hübschen Kleinstädte am Rand der Route mitten durch eine der am dünnsten besiedelten Gegenden Mecklenburg-Vorpommerns wirken entschleunigend. Bei Kilometer 5,8 liegen die historischen Klappbrücke und die Schleuse mit dem merkwürdigen Namen „Findenwirunshier". In Neustadt-Glewe kann man direkt am Fuß der sich trutzig über dem Städtchen erhebenden mittelalterlichen Wehrburg ankern. Hinter Neustadt-Glewe durchquert die Müritz-Elde-Wasserstraße bald als Friedrich-Franz-Kanal die etwa 12 000 ha große, nahezu unbesiedelte Niederung der Lewitz.

Stör und Störkanal

Am Eldedreieck nördlich von Neustadt-Glewitz zweigt der Störkanal nach Nordwesten ab und führt schnurgerade durch die Waldlewitz bis nach Banzkow. Hier reguliert eine Schleuse den Wasserstand zwischen Kanal, Flussstrecke und Schweriner See. 1576 fuhr das erste Handelsschiff von Dömitz über die Elde und die Stör in den Schweriner See, doch verfielen die Schleusenanlagen im Dreißigjährigen Krieg. Nachdem bereits von 1708 bis 1711 ein neuer Kanal angelegt wurde, konnte, nach Gründung einer Aktiengesellschaft im Jahr 1831, die

Schiffbarkeit nochmals deutlich verbessert werden, indem Dämme gebaut wurden, um die Wassertiefe zu erhöhen.

Wer am Eldedreieck dem Rechtsknick der Müritz-Elde-Wasserstraße weiter folgt, kommt auf dem Weg zur Mecklenburgischen Seenplatte an Parchim vorbei. Parchim ist ein freundliches, von Eldearmen durchflossenes Städtchen. Drei Schleusen vor Plau zeigt sich der alte Wasserturm von Lübz. Vom kleinen Yachthafen inmitten des Orts ist die Kleinstadt mit restauriertem Marktplatz, gepflegten Fachwerkhäusern, einer Backsteinkirche aus dem 16. Jh. und spätromanischem Wehrturm schnell erkundet. Angekommen in Plau, öffnet sich auf einer Länge von 65 km ein großartiges schleusenfreies Wassersportrevier durch die Mecklenburgischen Obersen bis Mirow. Dabei passieren die Boote den Plauer See, der Petersdorfer See, den Fleesensee, den Kölpinsee und die zauberhafte Müritz.

Müritz-Havel-Wasserstraße

Die Müritz ist Dreh- und Angelpunkt für Wasserwanderer und Freizeitskipper. Von der Kleinen Müritz im Süden zweigt die Müritz-Havel-Wasserstraße in das Kleinseengebiet ab, das sich bis in brandenburgisches Gebiet erstreckt. Mit dem Bolter Kanal entstand von 1832 bis 1837 die erste schiffbare Verbindung zwischen der Müritz und Berlin. Von hier aus führte der schiffbare Weg bis in die 1930er-Jahre über die Alte Fahrt, die heute als Teil des Müritz-Nationalparks nur noch stilles Paddelrevier ist. Mit dem Bau des Mirower Kanals zwischen Rechlin und Mirow, dem Tor zur Kleinseenplatte, veränderte sich der Wasserweg. Beim Ortsteil Mirow-Dorf bildet eine mächtige Hubschleuse die Verbindung zwischen Mirower See und Zootzensee. Sie senkt die Schiffe um etwa 3–4 m und ermöglicht so den Wasserwanderern, die von den großen Seen über den Müritz-Havel-Kanal in das Kleinseengebiet kommen, die Havelgewässer zu erreichen. Vom Zootzensee führt die Müritz-Havel-Wasserstraße weiter in ein Labyrinth aus schmalen, tiefen Rinnenseen, kreisförmigen Flachseen und kurzen Stichkanälen. Dem Zootzensee folgen Mössensee, Vilzsee, Kleiner Peetschsee, Labussee, Canower See, Kleiner und Großer Pälitzsees sowie der Ellenbogensee. Dabei liegen noch die Schleusen bei Diemitz, Canow und Strasen auf dem Weg, der um insgesamt um 7,20 m bei mittlerem Wasserstand von der Müritz zur Havel absteigt. Bei Priepert mündet die Müritz-Havel-Wasserstraße in die Obere Havelwasserstraße.

Schiff ahoi – auch ohne Führerschein

Die Mecklenburgische Seenplatte ist Deutschland größtes „führerscheinfreies" Wassersportgebiet. Wer einmal Kapitän eines Hausboots sein will, der ist in mecklenburgischen Binnengewässern genau richtig (wie hier im Bild auf dem Eldekanal bei Plau), denn seit dem Jahr 2000 darf man auch ohne Führerschein Haus- und Motorboote bis 13 m Länge und bis 12 km/h Höchstgeschwindigkeit selbst steuern. Nach einer kurzen Einführung zu Vorwärts- und Rückwärtsgang, zu Bojen, Schleusen und zu beachtenden Regeln liegt der Reise auf dem Wasser nichts im Wege. Eigenhändig in den Sonnenuntergang gleiten, umgeben von intakter Natur – das verspricht Abenteuer und ein großes Stück Freiheit. Wer will, darf sich sogar ein Floß selbst zusammenzimmern. Es gibt aber auch komfortable Varianten, Hausboote mit Gaskocher, Camping-WC, wetterfester Kabine und Außenbordmotor.

Natur und tiefblaue Seen: Tourismus im Mecklenburger Seenland

Mecklenburg hat sich zu einem beliebten Reiseziel entwickelt. Die dünn besiedelte Seenlandschaft ist gesegnet mit sauberer Luft und intakter Natur, die in mehreren Natur- und Nationalparks unter besonderem Schutz steht.

Die ersten Badekarren wurden bereits in der ersten Hälfte des 19. Jh. in das Wasser der Müritz geschoben. Sommerfrischler kamen aus Berlin, Stettin und Hamburg, aber auch aus der näheren Umgebung. Die Eldekanalisierung und die damit verbundene Verbesserung der Schifffahrt zur Havel und über die Elde zur Elbe in der ersten Hälfte, der Chausseebau in der Mitte und vor allem der Bau wichtiger Eisenbahnverbindungen zum Ende des 19. Jh. schufen die Voraussetzungen für einen florierenden Sommerbetrieb. Preiswerte Sommerfrische für eine bürgerliche Klientel war mehr denn je gefragt, seitdem 1873 Beamten durch das Reichsbeamtengesetz jährlich das Recht auf bezahlten Urlaub gewährt wurde und um die Jahrhundertwende auch kaufmännische Angestellte und Handlungsgehilfen das Recht auf freie Tage erhielten. Die am Wasser gelegenen mecklenburgischen Kleinstädte entwickelten alsbald ihr touristisches Potenzial.

Die Gemeinde Waren wurde zum regionalen Zentrum im Müritzgebiet. Bereits 1880 verkehrten drei Dampfer zwischen Waren, Röbel, Malchow und Plau. Warens Gewerbetreibende hatten die „außerordentlich schöne Lage der

Der letzte Stadtentwicklungsplan für Waren/Müritz hatte 1989 noch den flächenhaften Abriss großer Teile der historischen Altstadt vogesehen. Nach der Wende wurde der alte Stadtkern mit dem Neuen Markt jedoch liebevoll saniert.

Stadt am größten Landsee Norddeutschlands" als Wirtschaftsfaktor erkannt und schufen anstelle der alten Badehäuser eine „Seebadeanstalt für Herren und Damen in der Müritz". Der Verleger und Herausgeber des Warener Tageblatts, Max Sergel, gab 1887 mit einem *Führer durch Waren und Umgebung* den ersten Werbeprospekt für den Warener Erholungsverkehr heraus. Kräftig warb auch der Dichter Theodor Fontane für das Städtchen. An seinen Freund Friedrich Stephanz, den Chefredakteur der Vossischen Zeitung in Berlin, schrieb er 1896: „Waren an der Müritz – Hoffentlich geht es Ihnen gut. Sollte aber umgekehrt Ihre Gesundheit einer Aufbesserung bedürfen, so kann ich Ihnen auf der ganzen Gotteswelt keinen besseren Platz empfehlen." 1910 wurde der erste Warener Verkehrsverein gegründet.

1913 kamen fast 4000 Feriengäste nach Waren. Neben 16 Gasthöfen und Pensionen gab es vier Hotels. Mit dem Ersten Weltkrieg endete die erste Phase des mecklenburgischen Fremdenverkehrs. Doch schon in den 1920er-Jahren warb der Warener Fremdenverkehrsverein, „um den Fremdenverkehr und die Geschäftslage der Stadt Waren zu heben und den Aufenthalt daselbst angenehm zu gestalten mit Waren an der Müritz – das nordische Interlaken". Während der Nazi-Diktatur kamen KdF-Urlauber an die Müritz. 1944 allerdings wurden alle Dienststellen des Fremdenverkehrs aufgelöst. 1945 fluteten dann aus den vormals deutschen Ostgebieten Flüchtlingsströme in die Ferienorte. Manche der nur für den Sommer eingerichteten Pensionen wurden zu unzulänglichen Ganzjahreswohnungen. In DDR-Jahren entschieden Ferienkommissionen in den Betrieben, wer eines Urlaubs in Mecklenburg würdig war.

Der belebte Hafen von Waren besitzt im Sommer ein fast mediterranes Flair. Lokale und verschiedene Läden im Hafenbereich laden zum Verweilen ein.

Die Müritz mit der Stadt Waren sind schon seit fast 200 Jahren ein beliebtes Sommerferienziel.

Natur und tiefblaue Seen: Tourismus im Mecklenburger Seenland | 151

Nach der Wende war es lange still um Schloss Klink am Ufer der Müritz. Heute ist die stilvolle Neorenaissance-Anlage das Herzstück eines renommierten Hotels.

In den 1950er-Jahren schuf der Staat durch Enteignung Platz für den gelenkten FDGB-Urlauberverkehr. Viele verpachteten ihr Haus an die HO, die größte Einzelhandelskette der DDR. Ein Bett sollte im Röbeler Hotel *Seelust* nur zwei Mark pro Nacht kosten – viel zu wenig, um das alte Haus instand halten zu können. Schließlich wurde es an das Volkseigene Gut Neu Plötz zwangsverkauft, 1974 abgerissen und neu aufgebaut. Auch der Besitzer vom Feldberger Alten Zollhaus gab seine Gastwirtschaft der staatlichen HO in Pacht. 1968 stellte die HO die Pachtzahlungen ein und erzwang damit den Verkauf des Hauses. Nun wurde auch mit der alten Gemütlichkeit aufgeräumt. Der geschnitzte Holzhecht, das Wahrzeichen, verschwand; der alte Tresen wurde zu Brennholz zerschlagen, die Gästezimmer dienten als Verpflegungsstelle für die staatlich organisierte Massenerholung.

210 Mark kosteten 13 Tage FDGB-Urlaub mit Vollpension. Häuser und Statistiken platzten aus allen Nähten, doch noch 1985 hatten weniger als ein Drittel aller FDGB-Heime Zimmer mit WC, Dusche oder Bad. Nur etwa 62 % aller Häuser waren ganzjährig nutzbar. Auch die 1960/61 erbauten 50 Bungalows der FDGB-Urlaubersiedlung *Völkerfreundschaft* in Klink an der Müritz konnten zunächst nur im Sommer genutzt werden. Als 1974 gleich daneben das heutige *Müritz Hotel* mit 400 Zimmern entstand, entwickelte sich Klink zu einem der belebtesten mecklenburgischen Ferienzentren.

Neuer Glanz in altehrwürdigen Gemäuern

Nach der Wende gelangte das Hotel *Seelust*, mit dem 1893 der Grundstein für den Röbeler Tourismus gelegt worden war, wieder in den ursprünglichen Familienbesitz. Nach nur dreimonatiger Bauzeit entstand ein komfortables Haus. Rückkauf durch frühere Eigentümer oder deren Nachkommen war aber kein Einzelphänomen. Auch viele Zuzügler haben inzwischen Mecklenburgs Potenzial als Urlaubsland entdeckt und traditionsreiche Häuser dem Verfall entrissen. Zauberhafte Unterkünfte mit kulturellem und kulinarischem Angebot entstanden. In Woldzegarten beispielsweise residierte über 600 Jahre die Familie von Flotow, ein zur Urbarmachung dieser wilden Region aus dem Westelbischen berufenes Adelsgeschlecht, dessen musikalischster Spross später als Komponist der romantischen Oper *Martha* berühmt wurde. Wenig romantisch sah allerdings das verfallene Anwesen Mitte der 1990er-Jahre aus, als der Berliner Arzt und Freizeitmusiker Dr. Wolfgang Droll beschloss, mit den Gebäuden auch das kulturelle Erbe zu bewahren und diese in ein Hotel und eine Kulturbegegnungsstätte umzuwandeln.

Weithin sichtbar beherrscht die mächtige Gutsscheune den ganzen Gutshof: Unter ihrem ausladenden Dach mit dem riesigen Heuboden finden viel beachtete Konzert- und Festveranstaltungen statt (oben).

Mittelpunkt des Gutshofs Woldzegarten ist das 200 Jahre alte Fachwerk-Herrenhaus, dessen historische Bausubstanz bei der Sanierung weitgehend erhalten wurde (links).

Bereits 1998 fand in der großen Scheune des Gutshofes Woldzegarten das erste Konzert statt. Im ehemaligen Waschhaus, in dem früher Würste geräuchert wurden, werden heute Yogakurse gegeben. Auf den Gutswiesen wachsen die Wildkräuter für aromatische Öle, die in der Gutshofküche Verwendung finden.

Lindgrünes Licht fällt durch die Fenster der kleinen Stuben der Büdnerei Lehsten. Sonnenstrahlen tanzen auf lehmgestrichenen Wänden, streifen die alten Kaffeekannen auf Fensterbrett und Kachelofen. Ein Gedichtband, verfasst vom Hausherren Hans Schmalisch, liegt auf dem Tisch. Auch der Garten ist wahre Poesie. Hinter dichten Brombeerhecken, leuchtenden Rosenrabatten und akkurat geschnittenen Buchsbaumkreisen eröffnen sich immer neue grüne Räume: ein Labyrinth, gepflanzt aus 3000 einheimischen Sträuchern und Gehölzen. So schön war es nicht immer hier. Als Brunhilde und Hans Schmalisch vor über 20 Jahren aus Schleswig-Holstein in das mecklenburgische Dorf zogen, tauschten sie ein perfektes Haus am Elbdeich gegen eine winzige „Bruchbude" am Rand des Müritz-Nationalparks ein. Doch der Zustand des Hauses war ihnen Herausforderung. Auch die beiden Nachbarhäuser wurden liebevoll saniert. Die ehemalige Maschinenmühle verwandelten sie 1999 in ein Hoftheater. Aus den Silos der ehemaligen LPG wurde ein großer schilfgerahmter Teich. Das gesamte, 25 000 m² große Gelände der Büdnereien, ehemaligen Anwesen von Kleinbauern, ist heute eine Kulturoase mit Café, Galerie, Seminargebäude, Ferienwohnungen, Gästehaus mit Kreativräumen und Wellnessbereich.

Von Granzow aus lassen sich die Seen des mecklenburgischen Kleinseengebiets gut erkunden. Am nahen Granzower See verspricht ein eigens angelegter Grünstrand individuelle Badefreuden.

Viele Wanderwege führen durch den Müritz-Nationalpark. So kann man von Ankershagen aus auf einem 5 km langen Rundweg zur Havelquelle wandern.

Mecklenburg-Vorpommern gilt heute als beliebtestes Sommerreiseziel der Bundesrepublik – dazu trägt auch der Küsten- und Inseltourismus wesentlich bei. Die meisten Gäste kommen aus Nordrhein-Westfalen, Niedersachsen, Berlin und Sachsen. Der Tourismus ist der wichtigste Wirtschaftszweig und bietet, direkt und indirekt, über 170 000 Menschen Arbeit. Mit einem Bruttoumsatz von über 5 Mrd. € und einem Anteil von ca. 10 % am Primäreinkommen ist er als Wirtschaftsfaktor so wichtig wie in keinem anderen Bundesland. Etwa jedes dritte sozialversicherungspflichtige Beschäftigungsverhältnis in Mecklenburg-Vorpommern hängt vom Fremdenverkehr ab. Werden Hotels, Pensionen, Campingplätze und Privatbesuche mitgezählt, kann Mecklenburg-Vorpommern rund 28 Mio. Übernachtungen vorweisen. Mit über 8 % aller Familienurlaubsreisen mit Kindern unter 14 Jahren liegt das Land in diesem Sektor vor Bayern und Schleswig-Holstein.

Mecklenburg aktiv entdecken

2300 km Fernradwege und 5500 km Radrundwege durchziehen Mecklenburg-Vorpommern. Fast jeder zweite Gast schwingt sich hier mindestens einmal aufs Rad, meldet der Landestourismusverband. Laut ADFC gehört Mecklenburg-Vorpommern heute zu den drei beliebtesten deutschen Radreiseregionen. Das liegt natürlich vor allem an der weiten Landschaft, in der Steigungen maßvoll bleiben, aber auch an der radtouristischen Infrastruktur, die seit 1991 mit Investitionen von rund 150 Mio. Euro ausgebaut wurde. Der 607 km lange Seen-Radweg beginnt in Lüneburg und führt quer durch Mecklenburg-Vorpommern auf die Insel Usedom. Auf dem Teilstück zwischen Dömitz und Waren, dann weiter bis nach Neunbrandenburg durchstreift er die schönsten Landschaften der Mecklenburgischen Seenplatte. Bei Plau am See wird die Strecke zum wahren Seen-Radweg. 10 km sind es bis

Bad Stuer an der Südspitze des Plauer Sees. Nach weiteren 27 km tauchen die Kirchtürme von Röbel auf. Bald verläuft die Route des Seen-Radweges zumeist direkt am Wasser und ist identisch mit dem Müritz-Rundweg. In Sietow sind die mittelalterliche Kirche und die Fischräucherei attraktive Anlaufpunkte. In Klink radelt man am Schloss vorbei. Über die Elde führt der Weg nach Eldenburg. Am Müritzeum vorbei geht es in den Stadthafen unterhalb des Altstadtzentrums von Waren. Der Weg von Waren nach Neubrandenburg führt durch kleine Residenzstädte, durch Dörfer und beide Teile des Müritz-Nationalparks. 40 km sind es nun noch von Waren an der Müritz bis Mirow im Kleinseengebiet.

Auf dem Rücken der Pferde durch Felder und Wälder – dieses Land mit 6200 km Reit- und Fahrwegen ist wie geschaffen für Ferien im Sattel. Knapp 300 Reiterhöfe und 250 Vereine bieten Wandertouren, Reit- und Fahrunterricht sowie Unterkunft für Reiter und (eigenes) Pferd. Der Biobauernhof in Grünow bei Neustrelitz beispielsweise organisiert Trekkingtouren mit Pferd und Planwagen sowie Wanderreittouren. Doch auch zu Fuß kommt man weit in Mecklenburg. Jährlich machen etwa 2 Mio. Besucher in Mecklenburg Wanderurlaub. Außer zahlreichen Rundwegen für Halb- und Ganztageswanderungen führen auch zwei Fernwanderwege durch das Seengebiet. Der Fernwanderweg E 9a verläuft quer durch das Binnenland – vom Biosphärenreservat Schaalsee zum Schweriner See, durch die Naturparks Sternberger Seenland sowie Mecklenburgische Schweiz und Kummerower See bis zum Naturpark Am Stettiner Haff. Auf dem Fernwanderweg E 10 können Wanderer auf ihrem Weg von Finnland nach Spanien auch 380 km lang durch Mecklenburg-Vorpommern streifen. Durch die sanft gewellte Mecklenburgische Schweiz geht es vorbei an Güstrow sowie Krakow am See bis zu den Mecklenburgischen Kleinseen. Felder, Wiesen, Seen und altehrwürdige Kirchen liegen am insgesamt 250 km langen Pilgerweg Mecklenburgische Seenplatte.

Wer gerne Golf spielt, hat in Mecklenburg-Vorpommern die Wahl zwischen 17 Golfanlagen. Mit insgesamt 72 Löchern und einem vielfältigen Unterkunfts- und Freizeitangebot in vier Hotels bietet die bekannte Ferien- und Freizeitanlage Land Fleesensee mit Nordeuropas größtem Golfresort ideale Bedingungen für Golfer aller Spielstärken und Altersklassen. Der neueste Golfplatz Mecklenburg-Vorpommerns *WinstonLinks* auf der Anlage *WinstonGolf* bei Schwerin erhielt 2011 eine Auszeichnung in der Kategorie „Bester neuer Golfplatz Deutschlands".

Campen auf dem Hausboot

Mecklenburg-Vorpommern bietet etwa 200 Campingplätze, die bei internationalen Rankings teilweise unter den Top 100 landen. Mehr als 50 Campingplätze in der Mecklenburgischen Seenplatte liegen direkt am Wasser. Mit dem „Freecamper" kann der eigene Wohnwagen sogar zum Hausboot werden. Ein motorisiertes Floß wird dabei zum fahrbaren Wohnwagen-Stellplatz und eröffnet den Campern ganz neue, wasserseitige Perspektiven. Damit Camping und Naturschutz in Balance bleiben, hat das Ministerium für Wirtschaft, Bau und Tourismus Mecklenburg-Vorpommern eine Studie in Auftrag gegeben, die Antworten auf die Frage sucht, wie Campingplätze innerhalb oder in der Nähe von Nationalparks nicht nur natur- und umweltverträglich, sondern auch wirtschaftlich erfolgreich betrieben werden können.

Heinrich Schliemann

Auf den Spuren Trojas – der Mecklenburger „Indiana Jones"

Heinrich Schliemann (1822–1890) wurde als Entdecker von Troja berühmt. Dabei war er mehr ein Verfechter des Spatens als der akademischen Bedachtheit. Seine Methoden waren damals neu und umstritten – und werden doch noch immer angewandt. Dazu gehörten Voruntersuchungen des Geländes durch Sondagen (Suchgräben), Grabung bis auf den anstehenden Boden, Beachtung der Stratigraphie (Schichtenfolge) und die Suche nach der Leitkeramik für die einzelnen Schichten. Der Arzt und Archäologe Rudolf Virchow, ein Bewunderer Schliemanns, schrieb: „Es ist heute eine müßige Frage, ob Schliemann im Beginn seiner Untersuchungen von richtigen oder unrichtigen Voraussetzungen ausging. Nicht nur der Erfolg hat für ihn entschieden, sondern auch die Methode seiner Untersuchung hat sich bewährt. Es mag sein, daß seine Voraussetzungen zu kühn, ja willkürlich waren, dass das bezaubernde Gemälde der unsterblichen Dichtung seine Phantasie zu sehr bestrickte, aber dieser Fehler des Gemüts [...] enthielt doch auch das Geheimnis seines Erfolgs."

Seit 1980 beherbergt Schliemanns ehemaliges Elternhaus in Ankershagen ein Museum, in dem Originalfunde und Kopien gezeigt werden und in dem man seine Verdienste würdigt, nicht ohne gleichzeitig auf seine Fehler und Irrtümer hinzuweisen. 1823, ein Jahr nach Schliemanns Geburt im mecklenburgischen Neubuckow, war die Pfarrersfamilie nach Ankershagen am Rand des heutigen Müritz-Nationalparks gezogen. In seinem Kinderzimmer unter

Der „Schatz des Priamos" und die Goldfunde aus Mykene in Ankershagen sind Nachbildungen. Die Originale befinden sich heute in Athen (oben und links).

Hintergrundbild: Schwerin ehrt den Entdecker Trojas mit einer Statue.

dem Dach des alten Fachwerkhauses las der junge Heinrich Homers *Ilias*.

Vom Kaufmann zum Archäologen

1836 begann Schliemann eine Kaufmannslehre in einem kleinen Krämerladen in Fürstenberg. Mit 18 beschloss er, nach Venezuela auszuwandern, doch sein Schiff *Dorothea* strandete vor der holländischen Küste. Ein schicksalhaftes Ereignis, denn in Amsterdam begann Schliemann seine Karriere, er gründete in St. Petersburg ein eigenes Handelshaus und 1856 eine Goldhandelsbank im amerikanischen Sacramento. Schon in Amsterdam hatte er in langen Nächten sechs Sprachen gelernt, nun studierte er Latein und Altgriechisch. Sein Vermögen setzt er fortan für den Traum von Troja ein. Im Jahr 1868 lokalisierte Schliemann die Überreste des antiken Troja. Nachdem er zwischen 1870 und 1882 neun Siedlungsschichten nahe der türkischen Stadt Hissarlik freigelegt hatte, konnte er schließlich den legendären *Schatz des Priamos* bergen.

Register

Ortsregister

Ahrensberg 123
Alt Rehse 137
Alt Schwerin 66
Altentreptow 26, 27
Amtswerder 130, 131
Ankershagen 94, 125, 156

Bad Stuer 74, 155
Basedow 14, 19
Blankenberg 53
Boek 92, 95
Boitin 48
Bolter Kanal 79, 92, 149
Bossower See 56
Breiter Luzin 31, 128, 130, 131, 132, 133
Bresenitz 53
Brüel 51
Burgsee 41
Bützow 52

Caarpsee 79
Canow 149
Canower See 149
Carwitz 129, 145
Carwitzer See 114, 128, 130
Crivitz 48

Damerow 71
Damerower Werder 91
Dargun 106
Demmin 26, 125
Diemitz 149
Dobbertin 72
Dobbertiner See 66
Dömitz 72, 147, 148, 154
Dreetzsee 128–130
Drewensee 123
Drewitzer See 64, 66

Elbe 24, 44, 79, 82, 147, 150
Elde 44, 72, 79, 82, 88, 97, 147–150, 155
Eldedreieck 148, 149
Eldenburg 155

Fauler See 41, 45
Federow 95
Feisnecksee 78, 80, 93, 96
Feldberg 15, 23, 25, 38, 128, 130, 132, 152
Feldberger Haussee 128, 130–133
Feldberger Seen 128, 130

Feldberger Seenlandschaft 12, 24, 31, 126–133, 145
Finowsee 123
Fleesenkanal 90
Fleesensee 12, 72, 88, 89, 90, 149
Friedrich-Franz-Kanal 148
Fürstenberg 25

Gätenbach 136
Goldberg 67
Goldberger See 66
Gorschendorf 103
Grabenwerder 131
Grabow 148
Groß Görnow 52, 53
Groß Labenzer See 48, 51, 53
Groß Raden 15, 54, 55
Großer Fürstenseer See 94
Großer Labussee 123
Großer Medower See 66
Großer Pälitzsee 149
Goßer Peetschsee 148, 149
Großer Schwerin 83, 84
Großer Sternberger See 48, 49, 54
Großer Wariner See 48, 50
Großer Weißer See 123
Großer Werder 57
Großer Zillmannsee 97
Güstrow 17, 48, 58–63, 73, 110, 112, 113, 114, 155
Güstrower Inselsee 56, 58

Haussee (s. Feldberger Haussee)
Havel 79, 82, 92, 94, 97, 123, 149, 150
Havelseen 96
Heidensee 43, 44
Heilige Hallen 32, 38, 126
Hohenzieritz 140
Hullerbusch 127

Ivenack 109

Jabelscher See 91

Kaarz, Schloss 53
Käbelicksee 93
Käflingsberg 97
Kaninchenwerder 45
Klein Luckow 25, 101
Kleiner Bürgermeistersee 48
Kleiner Medower See 66
Kleiner Pälitzsee 149
Kleiner Peetschsee 148, 149
Kleiner Zillmannsee 97
Klink 152, 155

Kölpinsee 12, 72, 90, 91, 149
Krakow (am See) 56, 57, 155
Krakower See 12, 56–58
Krakower Seenlandschaft 56–58
Kritzower Berge 48
Kröpelin 115
Krüselinsee 130
Kummerow 104
Kummerower See 15, 24, 100, 103–105, 155

Labussee 149
Land Fleesensee 155
Laubwerder 57
Lieps 136
Lindebach 136, 139
Lindenwerder 57
Lübz 71, 149
Ludorf 15, 84, 85
Luzin 131

Malchin 100, 125
Malchiner See 12, 30, 87, 98, 102, 103, 104
Malchow 14, 68, 74, 78, 88–90, 148, 150
Malchower See 88, 89
Mark Brandenburg 147
Mecklenburgische Schweiz 19, 100, 101, 110, 116, 145, 155
Medeweger See 44
Mildenitz 23, 67, 52, 65
Mirow 31, 118, 119, 149, 155
Mirower Kanal (s. Müritz-Havel-Kanal)
Mirower See 118, 149
Mönkenwerder 132
Müritz 12, 23, 28, 70, 71–85, 88, 92–97, 118, 145–147, 149–152, 155, 184
Müritz-Elde-Wasserstraße 70, 72, 79, 88, 90, 146–149
Müritz-Havel-Wasserstraße 79, 118, 146, 149

Nebel 52, 56, 60, 61, 65
Neubrandenburg 12, 23, 25, 73, 110–114, 134, 135, 154, 155
Neukalen 100
Neukloster 37, 48, 50, 51
Neuklostersee 51
Neumühler See 43
Neustadt-Glewe 148
Neustrelitz 12, 23, 25, 26, 93, 96, 118, 120–123, 155
Nossentiner Hütte 65, 68

Nossentiner-Schwinzer Heide 23, 34, 64, 67

Obere Havelwasserstraße 121, 149
Ostdorfer See 43

Parchim 52, 113, 148, 149
Peene 104, 105
Peenekanal 103
Peenetal 104
Penzlin 112, 125, 139
Petersdorfer See 88, 149
Plau (am See) 70–73, 148–150, 154
Plauer See 12, 28, 67, 70–76, 88, 145, 149, 155
Plauer Werder 71
Prillwitz 141

Radebach 53
Radebachtal 53
Rechlin 83, 149
Rederangsee 30, 93, 96, 98
Remplin 125
Retzow 101
Röbel 35, 74, 78, 82, 84, 89, 150, 152, 155

Schaalsee 131
Schmaler Luzin 23, 25, 127–129, 131
Schweingartensee 23, 94
Schwerin 12, 13, 17, 18, 40–45, 110, 113, 115, 124, 147
Schweriner See 12, 18, 22, 40–46, 48, 148, 155
Schwinz 66
Sellin 124
Serrahn 14, 24, 34, 38, 39, 56, 93, 94, 95
Sparow 14, 65
Speck 72, 96
Specker Seen 93, 95, 97
Stargarder Bruch 136
Stargarder Land 138
Stavenhagen 73, 107, 109–111
Steepengraben 136
Steinhorn 83, 84
Steinwerder 57
Sternberg 48–50
Sternberger Seenland 12, 32, 48, 51
Stör 44, 148
Störkanal 44, 148
Strelitz 140
Stuerer See 74

158 | Mecklenburgische Seenplatte

Tal der Eisvögel 74, 75, 76
Tarnow 48
Tellow 106
Tempzin 50
Tempziner See 50, 51
Teterow 14, 68, 73, 100, 105, 106
Teterower See 101, 105
Tiefwaren 23, 80
Tollense 26, 27, 141
Tollensesee 12, 27, 31, 134, 136, 139
Treptow 26

Ulrichshusen 117, 118
Usadeler Höhen 27, 136
Useriner See 93, 121

Värchen 104
Vilzsee 149
Vipperow 72
Vollrathesruhe, Schloss 18, 100
Vylym 121

Waren 23, 71, 78, 80–82, 86, 95, 96, 112, 150, 151, 154, 155
Warener Herrensee 86, 87
Warin 50
Warnker See 96
Warnow 51, 52, 53, 56
Warnow-Mildenitz-Durchbruchstal 23, 52, 53
Wesenberg 31, 123
Woblitzsee 123, 145
Wooster See 66
Woterfitzsee 93, 95
Wustrower See 48

Zansen 127
Ziegelsee 42, 43, 44
Ziegenwerder 45
Zierker See 120, 121, 123
Zierow 14
Zotzensee 96, 149

Sach- und Personenregister

Adolf Friedrich IV., Großherzog von Mecklenburg-Strelitz 119, 121, 134
Adolf Friedrich VI., Großherzog von Mecklenburg-Strelitz 119

Barlach, Ernst 58, 62, 63, 110, 113
Bayler, Anke 68, 69

Boitiner Steintanz 48
Bollmann, Fred 132
Borwin, Heinrich I. 50, 51
Borwin, Heinrich II. 61, 62, 83, 118
Brinckman, John 112, 113
Burgen
– Morin 85
– Penzlin 139
– Plau 73
– Röbel 82
– Schlitz 19, 101
– Stargard 138, 139
– Stuer 74
– Werle 15
– Wesenberg 123

DDR 19, 34, 40, 43, 66, 71, 83, 102, 113, 126, 151, 152
Deutsche Alleenstraße 124

Eingrieber, Heinrich und Lotte 67
Eiszeit 13, 22–27, 48, 56, 64, 92, 100, 101, 109, 126–130

Fallada, Hans 12, 110, 113, 114, 130
Findlingsgarten Schwichtenberg 25, 26
Flotow, Friedrich von 43, 110, 115, 152
Fontane, Theodor 80, 151
Freilichtmuseum Schwerin-Mueß 46

Geopark Mecklenburgische Eiszeitlandschaft 26–27
Georgenkirche (Waren) 81
Gertrudenkapelle (Güstrow) 63
Gletscher 13, 22, 25, 26, 59, 101, 127, 129, 134
Großstein- und Hügelgräber 14, 53, 101
Gustav Adolf zu Mecklenburg-Güstrow, Herzog 107
Güstrower Dom 62

Honecker, Erich 34, 62
Hubbrücke „Blaues Wunder" 72

Johnson, Uwe 58, 110, 113

Karl II., Herzog zu Mecklenburg-Strelitz 119, 140
Karower Schloss 67
Kersting, Georg Friedrich 110, 114

Klöster
– Dobbertin 67
– Doberan 107
– Malchow 89
Klosterkirche St. Maria und St. Johannis (Neukloster) 51
Kraniche 65, 84, 91, 92, 98, 102, 121
Kücken, Friedrich Wilhelm 110, 115
Kügelgen, Gerhard von 114

Lenné, Peter Joseph 19, 41, 105, 122
Lübbert, Ernst 108
Luise Auguste Wilhelmine Amalie, Königin von Preußen 19, 140

Malchin, Carl 115
Maltzahn, Helmut Freiherr von 116, 117
Marienkapelle (Malchin) 103
Marienkirche (Neubrandenburg) 135
Marienkirche (Penzlin) 112
Marienkirche (Röbel) 82
Marienkirche (Waren) 81
Marienkirchturm (Plau) 73
Mirower Schloss 17
Moore 24–28, 33–37, 53, 64, 65, 87, 91, 94, 95, 102, 103, 104, 105, 126, 129
Moränen 26, 37, 70, 97, 101, 127
Morin, Burg 85
Müritz-Nationalpark 13, 14, 19, 24, 30, 32, 39, 79, 92–98, 123, 149, 153, 155, 156
Müritzeum 86, 155

Naturparks
– Feldberger Seenlandschaft 13, 126, 127
– Mecklenburgische Schweiz und Kummerower See 13, 30, 98, 100, 106
– Nossentiner-Schwinzer Heide 13, 22, 30, 57, 64, 68, 98
– Sternberger Seenland 13, 48, 50, 155
Niklot, Obotritenfürst 15, 41, 83

Obotriten 14, 51, 55, 72, 78
Oser 23

Pfarrkirche St. Marien (Güstrow) 62

Pommersches Stadium 22, 25, 59, 64, 126

Rauch, Christian Daniel 122, 141
Reimann, Brigitte 113
Reuter, Fritz 74, 108–113
Rinnenseen 13, 23, 56, 60, 70, 79, 97, 127, 149

Sander 22, 26, 48, 64, 65, 93, 126
Schelfkirche (Schwerin) 42
Schinkel, Karl Friedrich 67, 121, 141
Schliemann, Heinrich 51, 121, 156, 157
Schlitz, Hans Graf von 102
Schlösser
– Güstrow 60
– Hohenzieritz 19, 140
– Kaarz 53
– Klink 155
– Kummerow 105
– Mirow 118, 119
– Schorssow 19
– Schwerin 18, 40, 41, 42, 45
– Stavenhagen 109
– Ulrichshusen 116
– Ulrichshusen 19, 85
– Vollrathsruhe 18, 100
– Wiligrad 18
Schlosskirche Neustrelitz 121
Sergel, Max 151
Slawen, slawisch 14, 45, 48, 52, 54, 57, 59, 67, 72, 78, 82, 83, 101, 104, 105–107, 109, 118
Sölle 24, 48, 53, 101, 129
St. Maria und St. Nikolaus (Sternberg) 49
St. Petri-Kirche (Treptow) 26
Strelitzer Residenzschloss 120

Tarnow, Rudolf 113, 143
Thünen, Johann Heinrich von 106

Virchow, Rudolf 130, 156
Voß, Johann Heinrich 112, 113, 139

Wallenstein, Albrecht von 59, 60
Wandschneider, Wilhelm 73, 106, 108, 112
Weichsel-Eiszeit 22, 25, 26, 52, 56, 64, 126, 129
Wölfe 35
Wossidlo, Richard 47

Impressum

Die Autorin
Hanne Bahra studierte Kunstgeschichte und genoss ein Literaturstipendium in der Casa Baldi/Villa Massimo in Rom. Seit 1991 arbeitet sie als freie Journalistin für verschiedene Journale und Tageszeitungen. Da sie in der Nähe von Berlin lebt, liegt die Mecklenburgische Seenplatte fast vor ihrer Haustür. So hat sie über diese Region nicht nur bereits zahlreiche Reportagen, sondern auch schon einige Bücher veröffentlicht. In der Reihe *Deutschlands schönste Landschaften* stammt bereits der Band über die Ostseeinseln von ihr.

Der Fotograf
Johann Scheibner ist Mitglied der Agentur IMAGETRUST und fotografiert für zahlreiche Zeitschriften und Magazine. Auch eine stattliche Anzahl Bildbände hat er bereits veröffentlicht. Seine Spezialthemen sind die Regionen in Nord- und Ostdeutschland, wobei nicht nur die Küstenregion, sondern auch das Inland von Mecklenburg-Vorpommern für ihn schon fast zur zweiten Heimat geworden sind. In der Reihe *Deutschlands schönste Landschaften* stammen bereits die Bände über die Ostseeinseln und über die Lausitz und den Spreewald von ihm.

Bildnachweis
(o = oben, u = unten, l = links, r = rechts, M = Mitte)
© Oliver Abels: 46/47 Hintergrundbild; © euroluftbild.de/mauritius images/ib: 23; © Gutshaus Ludorf: 85 o; © Gutshof Woldzegarten: 153 beide Bilder; © K. Iden/StockFood: 143 o; © Jörn Lehmann: 119; © Dirk Liebisch/Wikipedia: 22; © mauritius images/Alamy: 18, 156; © mauritius images/imagebroker: 13; © mauritius images/ib/Siegfried Kuttig: 105 u; © mauritius images/ib/Helmut Meyer zur Capellen: 124/125 Hintergrundbild; © mauritius images/ Torsten Krüger: 136 M; © mauritius images/Novarc; 63 Hintergrundbild; © Public Domain/Doris Antony: 112 o; © Public Domain/Ruchhöft-Plau: 115 u; © picture alliance/Arco Images/Kiedrowski, R.: 81; © picture alliance/blickwinkel/C. Leithold: 144 o; © picture-alliance/dpa: 32 ol, 35 Hintergrundbild; © picture alliance/dpa/Jens Büttner: 35 kleines Bild, 155; © picture-alliance/dpa/Bernd Wüstneck: 86/87 Hintergrundbild, 86 kleines Bild; © picture-alliance /DUMONT Bildarchiv/Peter Frischmuth: 105 o; © picture-alliance/ OKAPIA KG/Helmut Pum: 59 M; © picture alliance / Klaus Rose: 151; © picture-alliance/united-archiv: 30 ur; © picture alliance/WILDLIFE/K. Bogon: 53; © picture-alliance/ ZB/ Jens Büttner: 55 o, 113, 143 M, 144 M, 145, 147 M; © picture alliance/ZB/Bernd Lasdin: 13, 157 o; © picture-alliance/ZB/ Hans Wiedl: 136 o; © picture alliance/ZB/Bernd Wüstneck: 17 u, 88 M, 110 M, 118, 141 kleines Bild; © shutterstock/Carmine Arienzo: 102 M; © shutterstock/BMJ: 95; © shutterstock/Dzinnik Darius : 142; © Shutterstock/jeeaa.CHC: 28; © Shutterstock/Cathy Keifers: 37; © Shutterstock/Michal Ninger: 33; © Shutterstock/Menno Schaefer: 34, © Shutterstock/Christian Schoissingeyer: 30 ul; © Thomas Zahn, Stavenhagen: 111

Alle anderen Bilder: Johann Scheibner

Umschlagmotiv vorne: Blick auf den Krakower See
Umschlagmotiv hinten: Altstadt von Waren, Blick von der Marienkirche
S. 1: Bootshäuser am Tollensesee
S. 2-3: Sonnenuntergang am Teterower See
S. 4-5: Fischerhaus am Krakauer See

Alle Angaben dieses Werkes wurden vom Autor sorgfältig recherchiert und auf den aktuellen Stand gebracht sowie vom Verlag geprüft. Für die Richtigkeit der Angaben kann jedoch keine Haftung übernommen werden. Für Hinweise und Anregungen sind wir jederzeit dankbar. Bitte richten Sie diese an:

Bruckmann Verlag
Postfach 40 02 09
80702 München
E-Mail: lektorat@bruckmann.de

Projektmanagement: Dr. Birgit Kneip
Lektorat: imprint, Zusmarshausen
Grafisches Konzept: Gabriele Stammer-Nowack, Reader's Digest
Layout und Satz: imprint, Zusmarshausen
Umschlag: Frank Duffek, München
Kartografie: Astrid Fischer-Leitl, München
Herstellung: Bettina Schippel
Repro und technische Produktion: Repro Ludwig, Zell am See
Gesamtherstellung: Verlagshaus GeraNova I Bruckmann

Die Deutsche Nationalbibliothek verzeichnet diese Publikation in der Deutschen Nationalbibliografie; detaillierte bibliografische Daten sind im Internet über http://dnb.d-nb.de abrufbar.

Dieses Buch entstand in Zusammenarbeit zwischen der Bruckmann Verlag GmbH und Reader's Digest Deutschland, Schweiz, Österreich, erlag Das Beste GmbH.

Genehmigte Sonderausgabe für Bruckmann Verlag GmbH, München
© 2014 Bruckmann Verlag GmbH, München
© 2014 Reader's Digest Deutschland, Schweiz, Österreich –
  Verlag Das Beste GmbH

Alle Rechte vorbehalten

ISBN 978-3-7654-8331-8

Unser komplettes Programm:
www.bruckmann.de